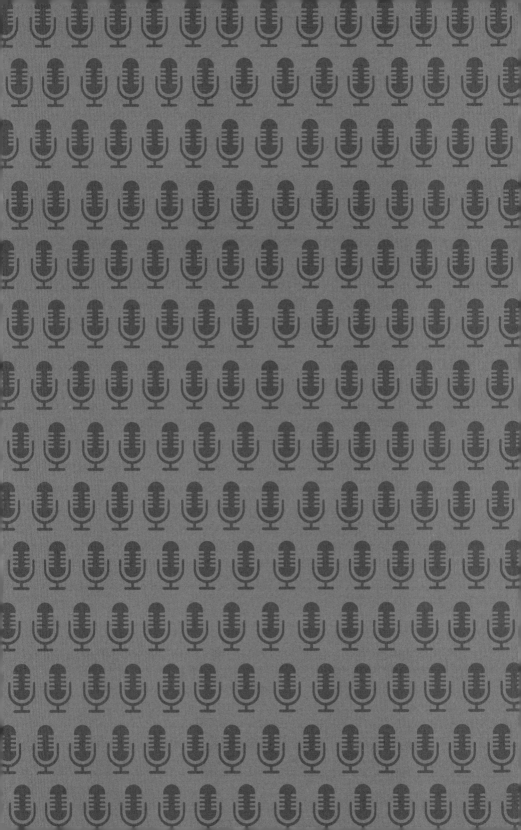

LA NUEVA ERA DEL PÓDCAST

Emma Camarero (Coordinación)
Prólogo de Óscar Gómez Ortega

LA NUEVA ERA DEL PÓDCAST

CLAVES Y TENDENCIAS DE LA INDUSTRIA DEL *PODCASTING* Y EL ARTE DE CREAR CONTENIDO EN AUDIO

Textos seleccionados de PROSODIA. I Congreso internacional del audio en español

MADRID | CIUDAD DE MÉXICO | BUENOS AIRES | BOGOTÁ
LONDRES | SHANGHÁI

Colección Acción Empresarial de LID Editorial
Editorial Almuzara S.L
Parque Logístico de Córdoba, Ctra. Palma del Río, Km 4, Oficina 3
14005 Córdoba.
www.LIDeditorial.com
www.almuzaralibros.com

A member of:

businesspublishersroundtable.com

EAN-ISBN13: 978-84-17880-61-3
Directora editorial: Laura Madrigal
Corrección: Paloma Albarracín
Maquetación: produccioneditorial.com
Diseño de portada: Juan Ramón Batista
Impresión: Cofás, S.A.
Depósito legal: CO-619-2023

Impreso en España / Printed in Spain

Primera edición: abril de 2023

Te escuchamos. Escríbenos con tus sugerencias, dudas, errores que veas o lo que tú quieras. Te contestaremos, seguro: *info@lidbusinessmedia.com*

ÍNDICE

Prólogo. Pódcast: la revolución que se escucha
de Óscar Gómez Ortega y Emma Camarero Calandria   9

**1. Una propuesta de definición del pódcast narrativo
desde la narratología natural**   13
1. Hacia un concepto de narratividad   16
2. La narrativa natural de Monika Fludernik   17
   Los pilares de la narratividad   19
   Tipos de narración natural   22
   Propuesta de definición de lo que es un pódcast
   narrativo   24
3. Conclusiones   25

**2. Origen de la producción sonora en español.
Las primeras grabaciones comerciales**   27
1. Aparición de los gabinetes fonográficos   30
2. Los primeros artistas de la palabra grabada   33
3. Conclusiones   43

3. Sonido y tecnostalgia: el caso de la música *chiptune* ...   45
1. Definiendo la nostalgia   46
2. *Chiptune* y tecnostalgia   49
3. La Game Boy como emblema *chiptune*   50
4. La tecnostalgia como crítica tecnológica   52
5. *Chiptune*, tecnostalgia y arqueología mediática   53
6. Conclusiones   56

4. El documental sonoro en el pódcast de habla hispana. Casos de estudio en pódcast narrativos de no ficción en Latinoamérica y España 57

1. Objetivos de la investigación 58
2. Metodología 59
3. El documental sonoro o *radio feature* 60
   Antecedentes históricos del documental sonoro o *radio feature* 60
   Definición y rasgos característicos del género 61
4. Evolución del documental sonoro en el *podcasting* 62
   De la radio al pódcast: la influencia de *This American Life* 62
   Serial, el pódcast narrativo que revoluciona el medio 64
   Aproximación al contexto hispanohablante 65
5. Investigación aplicada 67
   Muestra y unidad de análisis 67
   Variables y categorías 69
6. Resultados 71
   Aspectos formales 71
   Historia real 72
   Estructura narrativa 75
   Estética sonora 80
   Perspectiva autoral 83
   Estrategia transmedia 86
7. Conclusiones 86

5. Narrativa transmedia en la ecología de pódcast de audiodrama: cuando el audio transciende a otros medios 91

1. Audiodrama 92
   Audiodrama como género de *podcasting* 93
   Actores sociales dentro de la comunidad de audiodrama 94
2. Estrategias narrativas transmedia en audiodrama.... 96
   The Bright Sessions 98
   Limetown 99

Welcome to Night Vale 100

Storm chasers 101

Storage Papers 101

Azafata en Atacama 102

The Beautiful Liar 102

It makes a sound 103

3. Conocimiento de otros productos culturales
   de la narrativa transmedia 103

4. Conclusiones 105

**6. Diseño de sonido para producciones audiovisuales
e historias sonoras en el aula. Hacia una docencia
creativa mediante el uso de herramientas inteligentes** 107

1. Objetivos 109

2. Metodología 110

3. Clasificaciones de herramientas inteligentes
   para el diseño de sonido 113

4. Aplicación de HIAEDS a procesos de ABP 117

5. Una experiencia docente 120

6. Conclusiones 123

**7. Pódcast y líderes políticos: nuevas vías de
comunicación directa con la ciudadanía** 125

1. Pódcast y desintermediación periodística:
   su uso en política 126

   Pódcast de políticos en España 129

   El consumo de pódcast en España 130

2. Objetivos de la investigación 132

3. Metodología 134

4. Resultados 136

   Información descriptiva de los pódcast 136

   Resultados cualitativos 138

   Objetivos de cada programa 141

5. Conclusiones 143

Notas 145

Bibliografía 147

PRÓLOGO
PÓDCAST: LA REVOLUCIÓN
QUE SE ESCUCHA

El lema que encabeza este texto introductorio es deliberadamente similar al título de la columna publicada por el diario *The Guardian* en febrero de 2004 y que se considera la partida de nacimiento del pódcast. En ella, el periodista Ben Hammersley no definía los parámetros de un formato, sino que analizaba una tendencia, porque eso es el *podcasting*: el hábito que comenzaba a extenderse de consumir contenidos en audio digital bajo demanda.

Casi veinte años después, la tendencia está ya más que consolidada. Ha creado comunidades de usuarios y ha propiciado el desarrollo de una industria que está creando riqueza y oportunidades profesionales en todo el mundo. Y siempre que ocurre algo así, siempre que un fenómeno comienza a producirse y a extenderse, a afectar a su entorno transformando costumbres, estructuras sociales, prácticas corporativas o estrategias comerciales, se convierte, también, en objeto de investigación académica.

El hecho de que el ámbito científico se interese por una práctica, por una tendencia y comience a estudiarla, supone la consolidación de esta, su fijación como una realidad. Es, al mismo tiempo, una oportunidad para definir sus líneas maestras en el futuro y para analizarla, catalogarla, identificar sus prácticas más comunes, a sus principales actores y sus oportunidades y problemáticas. Y cuando se trata de un fenómeno que ha contado en los últimos años con un coeficiente de crecimiento tan acusado como el consumo de pódcast, quienes se encuentran inmersos en el desarrollo de proyectos pierden esa capacidad de análisis.

Estamos en el momento en el que la academia y los investigadores ya han demostrado un más que evidente interés por lo que está sucediendo a escala global en el sector de la producción de formatos de audio. Ahora que los profesionales están dedicados a hacer crecer y consolidar sus proyectos, tenía todo el sentido que ambos entornos —el científico y el profesional—, se dieran la mano en un encuentro orientado a la transferencia de los resultados de las investigaciones al sector productivo. Ese era uno de los principales propósitos de Prosodia: favorecer la conversación entre los investigadores y los profesionales del *podcasting*.

Casi ciento ochenta profesionales e investigadores convocados por la Universidad Loyola y por Qwerty Podcast, organizadores respectivamente del congreso académico y del foro profesional, tuvieron la oportunidad de conversar sobre la historia, el presente y el futuro de la industria del audio en Prosodia, el primer encuentro global del audio en español.

La revolución que se escucha ya ha alcanzado cotas que dan al audio digital una identidad propia como herramienta de comunicación, información, divulgación, formación y entretenimiento. Así lo demuestran los artículos recopilados en este libro, donde se abordan temas actuales relacionados con el mundo del pódcast. En ellos, el lector encontrará las conclusiones de investigaciones sobre los principios definitorios de los formatos, trabajos que analizan la narrativa del pódcast, las propuestas transmedia que llevan el audio a otros medios, y, también, sobre formatos concretos como el documental sonoro, o el empleo del pódcast en ámbitos como el de la política.

Se recogen igualmente en este volumen propuestas relacionadas con aspectos técnicos, como el diseño de sonido de formatos orientados a la educación o al empleo de determinadas técnicas y herramientas de producción que se identifican con estilos propios, o con los primeros pasos en la creación de propuestas sonoras, en lo que podrían considerarse los albores del *podcasting*, mucho antes de que existiera el término.

La discusión y la investigación sobre este concepto, tendencia o formato en comunicación no ha hecho más que empezar, y ya son muchos los académicos y científicos que han querido analizar el fenómeno del pódcast, sus antecedentes, tendencias y características. Precisamente por encontrarnos en los inicios de un nuevo concepto comunicacional en audio, era esencial poner en marcha un congreso académico que, como Prosodia, se centrara en el pódcast. Desde su nacimiento ligado a la radio convencional, pasando por el presente y analizando sus posibilidades de futuro, en un entorno comunicativo cada vez más fluido, modulable y transmedia.

En un mundo comunicacional, en teoría, cada vez más visual, el audio aparece como una tendencia que no deja de crecer. El sonido es una ola. Cubre por completo nuestra cabeza, es imposible esconderse de él completamente. Su capacidad comunicativa, informativa y emocional, sea cual sea el entorno en el que nos encontremos, supera las posibilidades de cualquier otro medio o formato. Hasta el punto de que la principal plataforma de vídeo a nivel mundial, Youtube, es, también, el sitio donde más pódcast se escucha. El audio está conquistando espacios gracias a esa capacidad de colarse a través de cualquier resquicio de nuestro entendimiento. Los profesionales del *podcasting* lo saben e inventan cada día nuevas formas de llegar al oyente, al cliente, al alumno, al turista o al votante. No existe hoy plan de comunicación que no contemple la opción de incluir el pódcast como parte de su estrategia. Hay series en las plataformas de vídeo bajo demanda que primero fueron pódcast, y pódcast que se transformaron en series. Todo fluye, todo está interconectado y todo puede transformarse en esta era marcada por la comunicación transmedia y multiformato.

Prosodia ha nacido con el firme objetivo de convertirse, a corto y medio plazo, en un referente para la investigación de los nuevos formatos en audio y el pódcast en español. En la primera edición, la más difícil y también la más ilusionante, los resultados no han podido ser más esperanzadores. Prueba de ello es la selección de artículos que configuran este libro y que hablan de un panorama investigativo ecléctico, amplio, fluido y en constante cambio, como lo es el *podcasting* hoy en día.

No sabemos qué nos deparará el futuro ni cuáles serán las tendencias predominantes en la manera de construir documental, ficción, información, publicidad o aprendizaje utilizando audio —en español—, como herramienta de trabajo. Pero desde Prosodia estaremos bien atentos para seguir analizando, estudiando y divulgando las últimas tendencias del *podcasting*, y lo haremos, de nuevo, sentando en las mesas de trabajo a los académicos con los profesionales del audio.

Solo desde el intercambio de conocimiento, la discusión y la puesta en común de ideas, teorías y proyectos, podremos facilitar un espacio de creación e investigación compartido por quienes piensan y hacen *podcasting*. En definitiva, la revolución que se escucha.

Óscar Gómez Ortega
Qwerty Podcast. Director de Prosodia.
I Encuentro global del pódcast en español.

Emma Camarero Calandria
Universidad Loyola. Directora del congreso Prosodia.

1

UNA PROPUESTA DE DEFINICIÓN DEL PÓDCAST NARRATIVO DESDE LA NARRATOLOGÍA NATURAL

Manuel Álvaro de la Chica Duarte
Universidad de Navarra

El aumento de la producción y del consumo de pódcast en los últimos años han multiplicado la investigación académica que busca caracterizar el nuevo medio (Sellas, 2011; Bonini, 2015, 2022; Preger, 2021). En estos estudios se describió el pódcast, en primer lugar, como una innovación tecnológica (Sellas, 2011), como una práctica cultural de producir y consumir contenido digital sonoro (Bonini, 2015, 2022) o como un nuevo medio que se separaba de la radio, entre otras razones, por sus condiciones de recepción y escucha (Hammersley, 2004; Berry, 2006, 2015, 2016).

Desde entonces, muchos investigadores han propuesto clasificaciones para facilitar su estudio. Algunos han decidido centrar su análisis en una diferenciación según el actor de producción (Antunes y Salaverría, 2018; Orrantia, 2019), mientras que otros han utilizado una diferenciación temática para estudiar tanto la oferta como el consumo de pódcast en España (Pérez-Alaejos, Pedrero-Esteban y Leoz-Aizpuru, 2018; Amoedo, 2022), algo semejante a la clasificación que se establece desde los directorios de pódcast.

Por otro lado, hay quienes han optado por establecer clasificaciones de formatos. En esta línea se encuentra Eric Nuzum (2019), quien ha basado su clasificación en dos tipos de pódcast: aquellos en los que hay al menos dos personas hablando, a los que denomina conversacionales, y aquellos que cuentan historias, a los que define como narrativos. La investigación académica ha comenzado a centrar su análisis sobre estos pódcast narrativos en los últimos años, considerando que entran dentro de este término aquellos pódcast en los que hay un narrador que cuenta una historia. Aunque no se ha dado una definición explícita sobre este tipo de pódcast, sí que se han señalado algunas de sus características.

Lindgren (2016), partiendo del aumento de narrativas personales en el periodismo destacado por Coward (2013), sostiene que el audio, en la forma de pódcast narrativos, es un medio privilegiado para desarrollar con éxito esta narrativa personal. Esto se debe, explica, a que la intimidad en la escucha típica de los pódcast, por su consumo individual y con auriculares, favorece que el oyente tenga una experiencia de escucha similar a la que tendría en una conversación con amigos. En un artículo posterior, Lindgren (2021) confirma esta intuición al analizar once de los pódcast premiados en Australia y Gran Bretaña. En su estudio descubre que todos ellos usan elementos narrativos en torno a las emociones y el reportaje en primera persona buscando construir una relación íntima con el oyente.

En España, Gutiérrez, Sellas y Esteban (2019) insisten en que los pódcast narrativos abren «la puerta a una narrativa personal» gracias al papel que toma el narrador, a menudo, involucrándose en la historia. Así, para ellos, los ejes del pódcast narrativo son las historias —que deben alejarse del mero informe expositivo de los hechos— y los personajes, entre los que puede encontrarse el narrador. Por eso afirman que «el pódcast narrativo permite explicar vidas y situaciones, abordar casos irresueltos, mostrar lo desconocido, ofrecer nuevos enfoques a cuestiones ya tratadas, profundizar en hechos pasados o explicar las consecuencias de lo sucedido».

Esta importancia del narrador en el pódcast narrativo ha sido destacada también por McHugh (2019, 2022) y Preger (2021). Aunque la académica australiana tampoco da una definición de lo que es un pódcast narrativo, sí señala varios elementos clave que, en su opinión, deben aparecer en uno: «Narrative podcast rely on plot (what happens), characters (to whom it happens), voice (who is telling the story) and sound (how it comes together as audio). They also need a strong structure to support an episodic format» [Los pódcast narrativos se basan en la trama (lo que sucede), los personajes (a quién le sucede), la voz (quién cuenta la historia) y el sonido (cómo se combinan esos elementos en una pieza de audio). También necesitan una estructura sólida para soportar un formato episódico] (McHugh, 2022).

Preger, por su parte, asegura que el objetivo de toda narración, ya sea en un pódcast o en la radio, es hacer que el oyente participe de un proceso de cognición y vincula este fin de la narración con que lo que se cuente sea una historia. Para él, «stories are not a lead of information, but an experience» [los relatos no son una suma de información, sino una experiencia] (2021), algo que vamos a compartir en este trabajo.

El objetivo de este trabajo es proponer una definición de lo que es un pódcast narrativo, ya que, como hemos podido ver hasta ahora, aunque ya se hayan señalado algunas de sus características, no hay una definición explícita más allá de la que propuso Nuzum (2019) que, a nuestro parecer, es demasiado vaga. La definición que proponemos aquí quiere ser más concreta, para así poder servir de base para futuros estudios, tanto para seguir investigando sus características, como para desarrollar elementos de análisis que fomenten una crítica estructurada de los nuevos productos. Esta propuesta de definición está basada en la teoría de la narrativa natural desarrollada por Monika Fludernik (1996) en el marco de su narratología cognitiva.

Para ello, en primer lugar, se han revisado y analizado las diversas clasificaciones formuladas hasta el momento para determinar cuándo son válidas y sus límites. En un segundo momento, se ha estudiado y analizado la narratología natural propuesta por Monika Fludernik (1996), desarrollada en el marco de la narratología cognitiva. Desde esta teoría, se propondrá una definición de lo que podemos llamar pódcast narrativo. Gracias a esta definición, se hará también una primera propuesta de categorización de los pódcast consideramos como narrativos.

1. Hacia un concepto de narratividad

Si es tan difícil definir qué es un pódcast narrativo, es, entre otros motivos, porque más allá de considerar que la narración es el objeto del narrar, hay muchas tradiciones narrativas distintas. Así, para Aristóteles, narrar es el modo de imitar a personas en acción haciéndose pasar por otro o siendo uno mismo y sin cambiar, pero, en todo caso, sin hacer que los personajes sean los que actúen y obren frente al espectador (*Poética*, 1448a). Es decir, para Aristóteles la narración supone, en cierto modo, una mediación explícita en la imitación y supone una contraposición con la forma de contar propia de la tragedia, en la que los personajes actúan sin necesidad de otra voz que les presente. Su definición de la narración posee, por tanto, un matiz literario, pues está centrado en el modo de imitar.

Como Aristóteles, ha habido otros autores que han estudiado la narración desde una dimensión literaria intentando crear sistemas que permitan diferenciar los distintos modos de narrar. Así, estos autores han analizado los relatos considerados como literarios a través de categorías y herramientas metodológicas, con el fin de separar estos relatos en géneros o tipos. Aquí podríamos agrupar a estudiosos como Gérard Genette (1989) o Franz K. Stanzel (1978).

En otra línea, algunos pensadores modernos, como Walter Benjamin (1936) o Paul Ricoeur (1985), han preferido estudiar la narración desde una dimensión antropológica, considerando la acción de narrar como un elemento constitutivo de la realidad humana y no solo como algo literario o artístico. Para el primero, la narración está muy ligada a la capacidad de transmitir una experiencia humana. En su famoso ensayo *El narrador* (1936) afirma que la «comunicabilidad de la experiencia decrece» cuando esta se fija en una novela. Por eso, aunque Benjamin considera la narración como «una forma artesanal de comunicación» que se caracteriza por dejar grabada en sí «la huella del relator», como rescata con acierto Torres Perdigón (2021), lo esencial para Benjamin es que la narración está íntimamente ligada a la oralidad y a la transmisión de sabiduría. Esa huella, que podría parecer más patente en un relato cerrado como puede ser una novela, está sin embargo más viva y más presente, cuando se graba una y otra vez. Solo en este sentido se puede entender correctamente que el ensayista alemán afirme que el narrador «no se propone transmitir el puro en sí del asunto [una sucesión de hechos, una huella pregrabada o un sello que se va marcando], como una información o un reporte», sino que lo que hace es sumergir ese relato en su propia vida, en su experiencia, para recuperarlo desde allí cada vez que quiera compartirlo con otro. Más tarde volveremos a esta definición de la narración en términos de experiencialidad.

Ricoeur (1985), por su parte, considera que narrar expresa el carácter temporal de la experiencia humana. Es desde este presupuesto —«el tiempo se hace tiempo humano en cuanto se articula en modo narrativo; a su vez, la narración es significativa en la medida en que describe los rasgos de la experiencia temporal»— desde donde construye su teoría de la triple mímesis como característica del narrar. En su esquema ya no es el narrador el que ocupa un lugar central en la narración, sino el lector «que asume por su hacer —acción de leer— la unidad del recorrido de mímesis I a mímesis III por medio de mímesis II». De esta forma, para Ricoeur no se puede entender la narración sin un yo que acepte como dado con sentido lo narrado en la mímesis II gracias a su precomprensión del mundo (mímesis II).

La tradición cognitiva, que utilizaremos para nuestra definición, también pone el peso de la narración en el receptor de esta, pero no en cuanto a que el narrar sea un acto típicamente humano, que también, sino en tanto que lo narrado es aquello que percibimos como tal. Es aquí donde se encuentra la teoría de la narración propuesta por Monika Fludernik (1996), a la que quiso poner el nombre de narrativa «natural». Para esta académica austriaca, discípula de Stanzel, la esencia de la narración está en la representación de una experiencia antropocéntrica (1996, 2009).

2. La narrativa natural de Monika Fludernik

En su libro *Towards a 'Natural' Narratology* (1996), Monika Fludernik propone que el concepto de narratividad tiene que ser separado por completo de su dependencia de la trama y debe redefinirse como la representación de la experiencialidad. Para ella, lo fundamental es la vivencia del personaje o del narrador. Si no aparece esta experiencia y solo se sucede una secuencia de acciones, no hay narración. El objetivo de su propuesta consiste en «redefine narrativity in terms of cognitive ('natural') parameters, moving beyond formal narratology into the realm of pragmatics, reception theory and constructivism» [redefinir la narratividad en términos de parámetros cognitivos (naturales), yendo más allá de la narratología formal hacia el ámbito de la pragmática, la teoría de la recepción y el constructivismo] (Fludernik, 1996).

Para Fludernik, lo natural está intrínsecamente relacionado con nuestra forma de conocer. Así, podemos traducir natural como 'ocurrido naturalmente' o 'constitutivo de la experiencia humana prototípica', de tal forma que lo narrativo es definido así en tanto que lo sucedido es percibido como «narrado naturalmente». «Narratives texts are therefore, first and foremost, texts that are read narratively» [los textos narrativos son, pues, ante todo, textos que son leídos narrativamente], dirá. Dado que los que «leemos narrativamente» somos humanos y conocemos cómo conocen los humanos, solo podremos entender aquello que se corresponde con nuestra propia forma de conocimiento. Una narración que no respondiese a este esquema no podría ser comprendida, puesto que una experiencia no asimilable a nuestras categorías de conocimiento tampoco sería verosímil. Así, para que un texto pueda ser leído narrativamente, dice Fludernik, tiene que ser una evocación cuasimimética de la experiencia de la vida real, tiene que, por decirlo de otra forma, reflejar un esquema cognitivo de una corporeidad (un yo, una persona humana) que se relaciona con la existencia y las relaciones humanas. En otras palabras, lo natural es lo que se define en términos humanos.

Por eso, siguiendo a Fludernik, podemos afirmar que lo narrativo depende en primer lugar de la representación de una experiencialidad. En su modelo teórico pueden existir narraciones sin tramas, pero no sin que haya un experimentador humano (antropomórfico) de algún tipo en algún nivel narrativo. Ese experimentador podría ser un insecto, como en la *Metamorfosis* de Kafka, pero solo sí, como en este caso, tiene propiedades humanas.

De la misma forma, de esta narrativa natural se desprende que la narratividad no dependa en primer lugar de la existencia de un narrador, de una mediación o del mismo acto de contar o escribir, aunque estas características aparezcan habitualmente en las narraciones. Al poner los cimientos de la narratividad en la experiencia, Fludernik quiere recuperar la primacía de la existencia sobre la acción. Y está claro, ontológicamente, que la existencia precede a la acción y, por lo tanto, también debe precederla en el orden de la narración.

Según Fludernik, asumir que la narratividad es la consecuencia de una secuencia de acciones dejaría fuera de lo narrativo muchas de las obras literarias contemporáneas y, en cambio, supondría aceptar como narrativos textos que, de hecho, no consideramos de esta forma, como un manual de historia. No obstante, aunque no sea la temporalidad lo que crea lo narrativo, Fludernik coincide con Ricoeur en que, en el acto de narrar, la temporalidad juega un papel clave en el proceso de lectura o reconstrucción de la historia y en que siempre hay una mímesis, aunque ella varíe su definición de esta porque pone el foco de su investigación en otro sitio.

Los pilares de la narratividad

Para la filóloga austriaca, la mímesis no es imitación, como proponía Aristóteles, sino proyección —artificial o ilusoria— de una estructura semiótica que permite al lector recuperar la realidad transmitida en términos de realidad ficticia. La mímesis fludernikiana es lo que permite al lector *conocer*, puesto que mímesis es también el encontrar unas categorías de experiencialidad propias en un texto ajeno, es un *reconocerse* en lo narrado. La mímesis para Fludernik se encuentra en estas coordenadas. No es una propiedad del texto en sí, aunque el lector mimetice el texto. En este sentido, ella escribe:

«Narrative mimesis evokes a world, whether that world is identical to the interlocutors shared environment, to a historical reality or to an invented fictional fantasy. And in so far as all reading is interpreting along the lines of a represented world, it necessarily relies on the parameters and frames of real-world experience, and their underlying cognitive understandings. Mimesis is therefore conceived in radically constructivist terms».

[La mímesis narrativa evoca un mundo, ya sea idéntico al entorno compartido por los interlocutores, a una realidad histórica o a una fantasía ficticia inventada. Y en la medida en que toda lectura es una interpretación a lo largo de un mundo representado, se basa necesariamente en los parámetros y marcos de la experiencia del mundo real, y en sus comprensiones cognitivas subyacentes. Por tanto, la mímesis se concibe en términos radicalmente constructivistas].

Así, las representaciones de lo real solo pueden ser potencialmente miméticas en la medida en que responden a nuestra forma de conocer y son convencionales. Al narrativizar un texto, el lector aplica los esquemas de conocimiento de su vida. Por eso, si queremos estudiar qué es lo que hace a un texto ser narrativo, el camino solo puede pasar por conocer cuáles son las categorías de conocimiento típicamente humanas.

Como hemos dicho hace un momento, para Fludernik el conocimiento humano parte siempre de su experiencialidad. Hay que entender que, para ella, la experiencialidad es prácticamente lo mismo que la encarnación (*embodiment*). Nosotros conocemos en la medida que somos un yo encarnado, con un cuerpo, que se sitúa en un marco temporal y espacial concreto, y que posee mecanismos propios para conocer. En este sentido, la acción humana, con sus causas y sus fines, está siempre marcada por su corporeidad. Por eso, para la narrativa natural, la experiencialidad en la narrativa, tal y como se refleja en la narratividad, se caracteriza por una serie de factores cognitivamente relevantes, entre los que destacan:

- La presencia de un protagonista humano, ese yo encarnado que se tiene o padece la experiencia.
- La experiencia antropomórfica y, si es el caso, los acontecimientos que la impregnan. En este punto, se incluyen tanto las experiencias físicas como psicológicas, así como las reacciones ante ellas.

Una vez señalados estos dos elementos como básicos para la narratividad, podemos afirmar que, formalmente, toda narrativa está construida sobre la función mediadora de la conciencia, que sirve de base y al mismo tiempo filtra la experiencia, y que esta conciencia puede estudiarse y darse en diferentes niveles y capas. Por un lado, esa conciencia puede observarse en la propia experiencia física vivida. Y, por otro, puede darse en los intentos intelectuales o procesos mentales para lidiar con ella. Es decir, en hechos visibles, a los que accedemos por los sentidos (viendo, hablando, tocando, actuando) o en hechos invisibles (sintiendo, experimentado, pensando). Pero tanto en unos como en otros se hace patente la presencia de una conciencia humana.

Definir la narratividad en categorías cognitivas tiene la ventaja de que, al no depender de un soporte de comunicación concreto, este concepto de narratividad y sus modos son igual de válidos para los lenguajes orales que escritos. De hecho, aunque en sus libros Fludernik suele poner ejemplos de uso de estas categorías en textos escritos, su teoría de la narratividad tiene como origen el estudio de la conversación oral. Para ella, esta es la forma prototípica de narratividad, su forma más natural. En las narrativas orales, dice, siempre hay una implicación emocional con la experiencia y una evaluación de esta. Y esto es así porque cuando contamos algo oralmente de forma espontánea, siempre hay una estructura que va combinando los hechos en sí y cómo esos hechos han impactado en la experiencia de quien lo cuenta, ya sea porque los ha vivido en primera persona o porque le han sucedido a otro y al primero le han resultado de interés o le han afectado. Benjamin también era consciente de esto, aunque lo estudiará desde otro esquema. «El narrador toma lo que narra de la experiencia; la suya propia o la referida» (1938), decía, y eso implica, en los modos, que «los narradores son proclives a empezar su historia con una exposición de las circunstancias en que ellos mismos se enteraron de lo que seguirá, si ya no lo ofrecen llanamente como algo que ellos mismos han vivido».

Esto es lo que nos permite categorizar los modos narrativos según cómo sea esa experiencia, cómo se transmite y cómo es percibida y narrativizada por el receptor. Y para ello, aunque haya lenguajes distintos, como el oral o escrito, podemos señalar modos comunes de narratividad, independientes al medio del lenguaje, puesto que, como hemos señalado ya, lo que permite la narratividad son las categorías cognitivas que forman parte de la conciencia oral, que son siempre las mismas puesto que son naturales.

Así, podemos distinguir tres formas diferentes de constituir la presencia de la conciencia en una narración. La primera de ellas es a través de la conciencia de un protagonista (*protagonist's consciousness*). Esto se hace a través de la categoría cognitiva de la experimentación y se ha solido caracterizar a lo largo de la historia en lo que se ha conocido como modo narrativo reflector, es decir, aquel que hace uso de la conciencia de un protagonista, que se encuentra dentro de la historia que se cuenta y que sirve de punto de referencia para ordenar la experiencia narrativa. En general, esta conciencia cuenta una experiencia propia.

La segunda forma de constituir la presencia de la conciencia es a través de la conciencia de un narrador que media en la historia (*teller's* consciousness). Esta forma de conciencia se hace patente bajo las categorías del contar y el reflejar, y se puede observar en muchas de las ficciones experimentales autorreflexivas contemporáneas o en las novelas que utilizan un narrador para presentar los hechos.

Por último, tenemos la conciencia del observador (*viewer's consciousness*), aquella en la que la categoría cognitiva predominante es el ver. En este tipo de narraciones atendemos a los hechos directamente, sin que aparentemente haya un narrador que vaya presentando la acción.

Estas distintas formas de conciencia que pueden presentarse en una narración no son estructuras cerradas, sino que pueden darse combinadas entre ellas, puesto que nuestra forma de conocer muchas veces es multicategorial. No se trata de que estas formas de manifestar la presencia de una conciencia resulten en tipos o géneros de narración, sino que explican las categorías cognitivas que se esconden detrás de cualquier narración posible. Son, como decimos, el esquema cognitivo que permiten al lector u oyente reconocer en lo narrado su propia experiencia. Es la estructura semiótica que permite al lector recuperar la realidad transmitida en términos asimilables a su propia realidad.

Tipos de narración natural

Si queremos categorizar los relatos en tipos, Fludernik propone hacer un estudio histórico con el objetivo de reconocer los géneros más naturales, que son los surgen en la conversación oral espontánea. En su análisis, Fludernik descubre que estas conversaciones siempre versan sobre experiencias y distingue entre historias de experiencia personal (*stories of personal experience*), historias de experiencia indirecta (*stories of vicarious experience*) e historias de un narrador que observa (*narrator observer stories*).

Los relatos de experiencia personal son los que recuerdan la experiencia de uno mismo. En ellos se intercalan la propia experiencia personal y la transformación evaluativa de esa misma experiencia en el proceso de narrarla. Es decir, se suelen intercalar la trama con comentarios sobre ella. Como hemos dicho ya, «the narrative is a narrative, not because it tells a story, but because the story that it tells is reportable and has been reinterpreted by the narrating I» [la narración es una narración, no porque cuente una historia, sino porque la historia que cuenta es narrable y ha sido reinterpretada por el yo narrador]. En este tipo de relatos, Fludernik distingue dos tipos de esquemas básicos de argumentos: aquellos en los que el personaje va consiguiendo o persigue unos objetivos (y por lo tanto hay una intencionalidad en su acción) y aquellos en los que a ese personaje le suceden cosas sin ser él quien las busca.

Por su parte, los relatos de experiencia indirecta son aquellos en los que un yo narrador cuenta la experiencia que otros le han contado. Estos relatos se dan típicamente en el periodismo o en los recuerdos familiares, en esa «experiencia que se transmite de boca en boca» (Benjamin, 1938) y que, por lo tanto, no se ha vivido de forma directa.

Por último, se encuentran los relatos de un narrador que observa. Podríamos definir estos relatos como aquellos en los que hay un testigo de una experiencia ajena, pero no tiene acceso a la conciencia de los protagonistas. En tanto que el narrador solo ve acciones externas, para narrar su experiencia tiene que suponer y especular sobre cómo se han vivido en la conciencia de aquel. Si ni siquiera entrase a valorar los hechos o a suponer cómo o por qué se han dado, no estaríamos ante una narración, sino ante un reporte que, en términos de Fludernik, no sería propiamente narrativo. Al ser una sucesión lógica de eventos, en su opinión, se convertiría en un género más cercano al argumentativo.

Este hecho de leer la mente de otros, que en términos de Genette sería la invención de focalización interna (1989), es para Fludernik una de las mayores rupturas que ha habido en la historia con los parámetros cognitivos naturales de la experiencia humana. Sin embargo, podemos considerarlo tangencialmente como narrativo, aunque en un grado menos natural, porque aceptamos como verosímil esa tradición cultural.

Como se puede ver al analizar estos distintos tipos de narrativas naturales, entre el primero y el tercer tipo se va dando una degradación en la forma de acceder a la conciencia. En el primer caso, al tratarse de un relato de experiencia personal propia, el acceso a la conciencia es completo. En el segundo, el acceso es parcial, pues solo tenemos acceso a las motivaciones o reacciones del sujeto protagonista por lo que él nos ha referido. Mientras que, en el último caso, el acceso a la conciencia de los protagonistas es tan solo virtual.

Propuesta de definición de lo que es un pódcast narrativo

De esta forma, podemos llegar a redefinir lo narrativo como la única forma de discurso en la que se hace presente la experiencialidad humana a través de la mediación de una conciencia; y ese discurso será más narrativo en tanto que el acceso a esa conciencia sea más pleno. Y podemos definir lo que es un pódcast narrativo en los mismos términos. Así, un pódcast narrativo es aquel pódcast discursivo que presenta la experiencialidad humana a través de la mediación de una conciencia. Según esta definición, podemos categorizar los pódcast narrativos en función del tipo de experiencia que presenten, pudiendo así hablar de pódcast narrativos de experiencia propia, pódcast narrativos de experiencia indirecta y pódcast narrativos especulativos, con los que hacemos referencia a las narrativas que Fludernik definía como *narrator observer stories*. Aunque esta es todavía una definición aparentemente amplia, puede servir como primer criterio para desarrollar otras categorías de análisis de los pódcast narrativos. Quedan, así, fuera de esta definición de pódcast narrativos los pódcast informativos asimilables a los boletines de noticias en los que solo se presenta una secuencia de hechos y no hay, por tanto, una conciencia que medie la intencionalidad de la experiencia, los pódcast divulgativos en los que el centro de interés no es una experiencia humana, los audiolibros o los pódcast conversacionales, por presentar más de una conciencia al mismo nivel de profundidad (aunque en esos pódcast se pueden dar fragmentos narrativos en los que una de las dos partes de la conversación narre desde estas condiciones cero de narratividad, para que el oyente pueda así recuperarlo como narrativo).

3. Conclusiones

Como puede verse, al definir lo que es un pódcast narrativo desde una óptica cognitivista —no podemos olvidar que, en última instancia, es el oyente quien narrativiza la historia al recuperarla desde unas categorías previas de conocimiento—, el resultado es una definición todavía bastante amplia que permite distintas formas de estudio del fenómeno. Sin embargo, resulta más concreta que la que había hasta ahora.

Para la categorización propuesta en este artículo para los distintos tipos de pódcast narrativos, hemos puesto el énfasis en la forma en la que la experiencia es conocida y presentada, es decir, delimitando en qué medida hay una identidad entre la conciencia que presenta y la conciencia que la vive y estableciendo así tres paradigmas distintos.

Esta es una perspectiva similar a la utilizada por Preger (2021), quien propone dividir los pódcast narrativos según la actitud que tome el narrador con respecto a la historia (qué le atrae de ella), los otros personajes, la audiencia que le escucha y el punto de vista. Para este periodista alemán, cualquier narrativa persigue ofrecer una experiencia y, en este sentido, el narrador por excelencia narra en primera persona y lo puede hacer siendo él protagonista de la experiencia contada (lo que sería asimilable a nuestra propuesta de pódcast narrativos de experiencia directa) o siendo reportero (contando una experiencia ajena a él, pero de la que se ha informado, lo que serían nuestros pódcast narrativos de experiencia indirecta).

El énfasis por la experiencia como factor determinante para caracterizar lo narrativo es algo, como hemos visto, en lo que ya han coincidido otros autores. Así, por ejemplo, Biewen y Dilworth han señalado que todos los productores de programas de audio que participaron en *Reality Radio: Telling True Stories Through Sound* (2010), muchos de los cuales siguen haciendo pódcast de éxito estos años, afirman que el objetivo de su trabajo es explorar la experiencia en toda su complejidad. E Ira Glass, productor de *This American Life*, uno de los pódcast narrativos por excelencia, dice en ese mismo libro que, para que haya una buena historia, esta debe tener dos ingredientes fundamentales. En primer lugar, que haya una persona que tenga algún tipo de experiencia. Y, en segundo lugar, que esta experiencia vaya acompañada de momentos de reflexión, donde esa persona, otro personaje o el narrador digan algo interesante sobre lo que ha pasado. Nosotros, como se ha visto, compartimos esa definición y la posterior clasificación que él hace.

En un futuro se podría hacer una clasificación de pódcast narrativos según el tipo de experiencia que se da en el protagonista, que es lo que define el contenido de la historia narrada. También se podrían categorizar los pódcast narrativos en función de las categorías de conocimiento por las cuales se tiene acceso a la historia. O bajo otras categorías que puedan proponer futuros estudios en esta misma línea de la narratología natural. Establecer una definición de lo que es un pódcast narrativo, como era el objetivo de este artículo, es solo un primer paso para fijar el concepto y permitir un estudio más sistemático de este tipo de contenidos.

Por supuesto, otras divisiones ya mencionadas antes, como aquellas centradas en el actor de producción o en la línea temática siguen siendo válidas, puesto que cada objeto de estudio necesita unas categorías de conocimiento distintas.

2
ORIGEN DE LA PRODUCCIÓN SONORA EN ESPAÑOL. LAS PRIMERAS GRABACIONES COMERCIALES

Gabriel Marro Gros
Universidad San Jorge

Los primeros productos sonoros que se comercializaron con contenido en español datan de la última década del siglo XIX. Pese a que el fonógrafo había sido inventado en 1877 por Thomas Alba Edison y que era un aparato bien conocido desde ese mismo año, hubo que esperar a su perfeccionamiento y a la aparición de los modelos de cilindros de cera para que la tecnología estuviese suficientemente madura para permitir el comercio de música y palabra grabada. Los primeros fonógrafos utilizaban láminas de metal sobre las que se impresionaban las señales de audio en forma de surco. Presentaban problemas técnicos insalvables para desarrollar con ellos una industria de sonidos grabados. Por un lado, la reutilización de láminas en distintos fonógrafos era difícil y no permitía conseguir buenos resultados en la reproducción debido a la alineación de surcos. Por otro, la maleabilidad de las láminas y las deformaciones del material al usarlas reducían el número de audiciones posibles.

La aparición de los modelos de fonógrafo que utilizaban cilindros de cera resolvía estos problemas consolidando el primer soporte estándar para la comercialización de audio grabado. El *Perfected Phonograph* de Thomas A. Edison, presentado en 1888, fue el primero de estos modelos y cuenta con todas las innovaciones aportadas tanto por la compañía de Edison como por los laboratorios Volta de Alexander Graham Bell. Inicialmente los aparatos se comercializan para la celebración de audiciones públicas. Debido a su alto precio y complejidad no se venden al público general, pero no tardará Edison en cambiar la orientación del negocio (Gelatt, 1995:70-71).

En los últimos años del siglo XIX surge en España un mercado de grabaciones sonoras, principalmente musicales. Es entre los años 1894 y 1897 cuando los fonógrafos se empiezan a importar y vender al público que demanda cada vez más cilindros de cera grabados. Surge en todas las ciudades el interés y afición por el nuevo invento. No solo por sus posibilidades para registrar sonido, sino, en mayor medida, por la posibilidad de coleccionar fonogramas. De forma análoga al efecto que tendrán más adelante el gramófono y el tocadiscos, que propiciaron la creación de tantas discotecas privadas, los primeros usuarios del fonógrafo también acumularon cilindros de cera. El crecimiento exponencial de ese mercado incipiente ocurre a partir de finales del 96, cuando aparecen modelos más económicos como el *Edison Home Phonograph*, que como su indica su nombre estaba destinado al público familiar (National Museum of American History).

Para satisfacer esa demanda de cilindros no fueron pocos los empresarios que crearon sus propios gabinetes fonográficos, equivalentes a los actuales estudios de grabación. Por ellos desfilaron muchos de los artistas más reconocidos tanto de la música como del teatro. También participaron algunos autores literarios, cómicos, imitadores e incluso bailadores. Todo aquello que producía sonido era susceptible de ser grabado y vendido. Por la propia inmadurez de la tecnología, en aquellos primeros años a las puertas del siglo XX las dificultades para replicar una grabación eran muchas. Conseguir copias de un cilindro grabado que ofrecieran una calidad aceptable era casi imposible (Chamoux, 2015:175-213). Tampoco mostró el público interés por las copias y se preferían los originales. Por esa razón, la gran mayoría de cilindros de cera que se produjeron y vendieron, sobre todo en España, son únicos. Tomas directas del artista a la cera. Dicho de otra forma, el artista debía repetir su interpretación tantas veces como cilindros se tratase de grabar.

Las limitaciones para realizar grabaciones con cierta calidad eran muchas. No solo no se contaba con medios para hacer copias. Tampoco los había para editar, mezclar o manipular el sonido de alguna forma. Las tomas eran directas y continuas, sin cortes ni correcciones. Sin interrupciones. Los gabinetes fonográficos desarrollaron técnicas para conseguir superar las limitaciones y obtener los mejores resultados. Los artistas también adaptaban la forma de cantar y narrar para evitar que la limitación de los rangos dinámicos del sistema impidiera conseguir una buena toma. Al tratarse de grabaciones acústicas, sin empleo de amplificación, la potencia del sonido que llegaba a la bocina del fonógrafo debía mantenerse siempre en un rango muy estrecho. Una caída de la fuerza de las ondas hacía que el resultado fuera inaudible. Un sonido demasiado fuerte generaba distorsiones inaceptables. Se creó todo un método y un estilo de interpretar para las grabaciones que hizo que incluso aparecieran profesores de canto fonográfico. Quedaba claro así que cantar, recitar o interpretar ante la bocina de un fonógrafo era un arte bien distinto a hacerlo en el escenario.

Se vendieron cilindros musicales con romanzas de zarzuela, arias de ópera, música tradicional, flamenco, jotas y otras categorías. Los fonogramas musicales quizás son hoy los más conocidos. Pero también se grabaron muchos que contenían la palabra hablada. Fueron las primeras grabaciones comerciales en español. Principalmente contenían cuentos y monólogos, aunque también hay algunos ejemplos de simulaciones y teatralización de eventos. Se vendieron en grandes cantidades y tenemos la suerte de contar con un buen número de ejemplares conservados en archivos, bibliotecas y fonotecas públicas.

1. Aparición de los gabinetes fonográficos

Con la aparición del fonógrafo de cilindros de cera surgen en España las iniciativas empresariales para explotar el nuevo invento. En un primer momento la actividad principal es la de los salones fonográficos. El invento de Edison se exhibe al público organizando audiciones y demostraciones tanto en instalaciones permanentes como en itinerantes y temporales. Por tanto, el fonógrafo se une a los espectáculos de la primera cinematografía, proyecciones fotográficas, linternas mágicas y otras sesiones de divulgación. Tres son los protagonistas de la difusión en España de las nuevas máquinas parlantes —como se acostumbraba a llamarlas—: José Navarro, Francisco Pertierra y Armando Hugens. Abrieron salones de audición y viajaron por España mostrando el invento y entre los años 1893 y 1898 su actividad es notable. Navarro y Hugens, además, fueron los primeros en establecer sus laboratorios de grabación y vender fonógrafos y cilindros grabados. Es decir, fundaron las primeras compañías fonográficas españolas (Moreda, 2021).

José Navarro Ladrón de Guevara era un mecánico relojero en Cartagena cuando se interesó por el fonógrafo perfeccionado de Edison. A principios de la década de 1890, cuando el invento era una novedad muy poco difundida en Europa, adquirió un fonógrafo a la North American Phonograph Company. Para ello escribió a los Estados Unidos y le enviaron la unidad por un precio de cinco mil pesetas. Esto tuvo que ocurrir en algún momento entre los años 1892 y 1893 puesto que en este último año ya había instalado el aparato en un salón de Madrid, pese a que muchos años después el empresario recordase mal las fechas en alguna entrevista (Anuncio, 1893; Ruiz Llanos, 1930). Junto al fonógrafo adquirió una colección de 24 cilindros grabados. El aparato era únicamente reproductor porque todavía no le había añadido el diafragma grabador correspondiente, así que las primeras audiciones que ofreció se tuvieron que limitar a esos cilindros grabados en América y tal vez otros que fuera adquiriendo para reponerlo o ampliar la colección. También sabemos que durante algún periodo consiguió la exclusiva de los fonógrafos Edison en España (Ruiz Llanos, 1930).

En la capital, instaló un fonógrafo en el Salón del Heraldo de Madrid durante la segunda mitad de 1893. Como los cilindros que se utilizaban contenían música grabada en los Estados Unidos, en la prensa se anunciaba como «El maravilloso invento del fonógrafo permite oír con gran claridad, en Madrid, cantos y piezas musicales tocadas en América» (Anuncio, 1893). Pero pronto se añadieron otras grabaciones, esta vez en español y realizadas en España. A partir de febrero de 1894, los anuncios ya no solo dicen que se pueden escuchar piezas musicales tocadas en América, sino que añaden algunas grabaciones españolas interpretadas por artistas españoles. Navarro había empezado a producir sus propias grabaciones para lo que, sin duda, tuvo que adquirir el equipamiento apropiado. Inicialmente se trataba solo de poesías y fragmentos de teatro. En algunos casos la voz que las interpretaba era la de la famosa actriz María Tubau (Anuncio, 1894). Todavía no había empezado a producir grabaciones musicales, que implican una complejidad de la instalación mucho mayor. Son, probablemente, las primeras grabaciones profesionales hechas en España que se presentan al público.

En algún momento, Navarro instaló un gabinete fonográfico, para grabar también música, en la calle Jovellanos número 5. Se trata del primer estudio de grabación instalado en España y, por tanto, este empresario creó la primera compañía fonográfica española. El cilindro con signatura CL/324 custodiado en la fonoteca de la Biblioteca Nacional de España sirve para demostrar lo temprana que fue la creación de esa sala de grabación. El texto de la etiqueta indica que son contemporáneos la instalación en el Salón del Heraldo de Madrid y el gabinete de la calle Jovellanos, lo que demostraría que el gabinete ya funcionaba entre los años 1894 y 1895.

Otro pionero de la fonografía, Armando Hugens, fue un empresario francés afincado en España que también había recorrido el país ofreciendo sesiones de fonógrafo. Muchos lo consideraban el decano de los empresarios del sector en España, puesto que había presentado ya en 1891 un modelo de cilindros de cera en el casino de San Sebastián (señores Hugens y Acosta, 1900). Su establecimiento de grabación de cilindros, al que llamaba «laboratorio fonográfico» aparece anunciado en prensa a partir del año 87, aunque es muy posible que hubiera estado funcionando mucho antes. Poco después, se

Cilindro y estuche producidos por José Navarro en el gabinete de Jovellanos.
Foto del autor.

asocia con el funcionario cubano retirado Sebastián Acosta Quintana y en su nuevo anuncio añade la venta de fonógrafos además de una nueva ubicación (anuncio, 1897). Se funda así la Sociedad Fonográfica Española Hugens y Acosta, que será la compañía más prestigiosa del sector. Su catálogo de 1900 cuenta con un importante elenco de artistas de todos los géneros musicales, del teatro y del entretenimiento (Sociedad Fonográfica Española Hugens y Acosta, 1900).

A Navarro y a Hugens les seguirán alrededor de treinta empresarios más que abrirán establecimientos de grabación de cilindros en las principales ciudades del país. Madrid será la plaza líder en número de gabinetes en funcionamiento, pero Valencia y Barcelona le seguirán con una vitalidad importante. Hasta el año 1901, el negocio de los cilindros grabados no deja de crecer y para muchos artistas supone una nueva ocupación que ofrece importantes beneficios. Muchos de los gabinetes estuvieron funcionando y grabando hasta el año 1902, cuando la competencia de los discos de gramófono y cilindros importados, industriales y fabricados en serie hizo imposible la continuidad de unos negocios basados en la producción artesanal de originales.

Los cilindros musicales son los más numerosos de toda la producción de la época, especialmente los de zarzuela y ópera. Pero, aunque en aquellos años dominaba el teatro lírico, también se produjo gran cantidad de cilindros en español que no son musicales, sino que contienen palabra hablada. Veremos a continuación quiénes eran los intérpretes y qué tipo de contenido registraron.

2. Los primeros artistas de la palabra grabada

Si ninguna duda, el más popular de los artistas del fonógrafo, especialmente de los no musicales, fue el maestro Domínguez. Era un profesor andaluz afincado en Madrid que se había ganado cierta fama por su narración de cuentos gitanos en fiestas y reuniones sociales. Grabó al menos en siete gabinetes diferentes por todo el país. Es difícil encontrar alguna colección histórica de cilindros en la que no figure su nombre en alguna de las etiquetas. Solo en los fondos de la Biblioteca Nacional de España hay once ejemplares catalogados (BNE). Había sido profesor en una escuela de Jerez antes de mudarse a Madrid donde se dedicaba a dar lecciones a niños de la alta sociedad durante el día desde hacía ya más de treinta años. De noche ofrecía sesiones de cuentos andaluces y gitanos en casas particulares y debió de tener cierta popularidad por esta actividad. Cuando empieza a grabar los cilindros tiene ya alrededor de sesenta y cinco años. Antes de cilindros comerciales ya grabó cuentos para los espectáculos científicos del salón fonográfico de Francisco Pertierra. Se decía que conocía más de cinco mil cuentos distintos, todos ellos cómicos (*Gabinetes Fonográficos Españoles*, 1901). Dado el éxito que tuvieron sus grabaciones pasó a dedicarse únicamente a grabar sus cuentos en cilindros que se vendían con facilidad. Se trataba de un producto relativamente barato —4 pesetas por cilindro en catálogos de Madrid— y mucho más fácil de grabar que las interpretaciones musicales que se vendían notablemente más caras. Siguió produciendo cilindros todo el tiempo que se mantuvieron funcionando los gabinetes fonográficos. Incluso después de cumplir los 70 años seguía figurando en los catálogos de muchos de esos gabinetes.

Los cilindros del maestro Domínguez, junto con los cuplés y otras canciones del género chico, representan el lado más desenfadado del fonógrafo. Algunos de los cuentos, cuando se trataba de chistes o chascarrillos escatológicos o eróticos, se marcaban en las etiquetas a modo de advertencia con la palabra «Verde». Son los cuentos verdes, que debieron de ser del agrado de muchos y protagonistas en algunas reuniones sociales alrededor del fonógrafo. El pintor alcoyano Fernando Cabrera Cantó (1866-1937) inmortalizó en un óleo una escena de un grupo de aldeanos escuchando uno de esos cuentos verdes sonando en un fonógrafo. El cuadro, con el explícito título *Un cuento verde* llamó la atención en una exposición celebrada en Murcia en 1900 (Un cuento verde, 1900). Esto demuestra que se trata de una escena bien reconocida por el público.

Un cuento verde; óleo sobre lienzo de Fernando Cabrera Cantó, fotografía publicada en el *Boletín Fonográfico*, Valencia, 1900.

Ejemplo de un cilindro del maestro Domínguez con contenido obsceno. La etiqueta de estuche de cilindro reza «El coronel y la cigarrera- Verde» del maestro Domínguez, publicado por la Sociedad Fonográfica Española Hugens y Acosta (ca. 1900).

Los cuentos graciosos del maestro Domínguez no fueron los únicos cilindros cómicos ni las únicas parodias de tipos regionales. Las recopilaciones de cuentos y chascarrillos andaluces y aragoneses gozaban de popularidad durante esos años y eran siempre claras candidatas para enriquecer los repertorios de cara a las sesiones de grabación. A los usuarios del fonógrafo les gustaba contar con estos cilindros en sus colecciones puesto que no hay que olvidar que se trataba de un aparato lúdico que podía ser usado en reuniones familiares y sociales. Cada uno de esos cuentos era un seguro de éxito en esos casos.

El estilo de Domínguez y sus cuentos fue imitado por muchos otros actores, escritores y cantantes. Uno de ellos fue el famoso cantaor José Acosta, también conocido como El Sevillano (Por lo flamenco, 1901). Aunque su popularidad se debía a su cante por sevillanas, también grabó cilindros de cuentos de ese mismo estilo. Por otro lado, cambiando los tipos andaluces por los aragoneses, encontramos grabaciones de cuentos baturros que también eran del gusto del público. Tanto la jota como cualquier tema aragonés y, más concretamente, lo relacionado con Zaragoza, gozaba de cierta simpatía del público español por el prestigio que adquirió la ciudad en la guerra de la Independencia. El conocido personaje noble y terco vestido de baturro ya estaba instalado en el ideario nacional a la vista de las colecciones de cuentos que se publicaban y grababan.

Los representantes de los cilindros de cuentos baturros o baturradas son dos escritores bien conocidos por sus publicaciones antes de que grabasen. El primero, Alberto Casañal Shakery (1876-1943), fue un humorista y escritor costumbrista muy popular en la sociedad zaragozana en la primera mitad del siglo XX. Aunque nacido en San Roque, Cádiz, era considerado zaragozano puesto que se mudó siendo todavía niño (García Tejera, 1999). La ciudad todavía lo recuerda y un paseo lleva su nombre. Sus cuentos y poemas baturros tuvieron bastante éxito. Algunos de ellos los grabó en cilindros en un gabinete de Zaragoza. Se conserva al menos uno de ellos en la Biblioteca Nacional con el código de catálogo CL/182 (BNE).

El segundo de los que grabaron cuentos baturros fue un procurador a los tribunales aficionado al fonógrafo y habitual colaborador de la revista *Boletín Fonográfico* de Valencia, José Serred. Escribía en esa publicación la sección «Para el fonógrafo» que consistía en cuentos o monólogos para ser grabados por los aficionados. Grabó en el gabinete valenciano Hijos de Blas Cuesta cilindros de monólogos, diálogos, risas y similares. También cantó para grabar la versión española de la canción *The Laughing Coon* que había popularizado el estadounidense George W. Johnson. La traducción y adaptación al español se conocía por *La risa* y fue registrada en muchos gabinetes por otros tantos artistas. Sin duda fue el primer éxito fonográfico internacional.

Serred se fue especializando, como escritor y como intérprete, en el fonógrafo. Publicó un libro con una colección de cuentos especialmente adaptados a la duración de un cilindro, algo más de dos minutos. Tras sus colaboraciones con el gabinete valenciano, también grabó para la Compañía Francesa del Gramophone (1907).

Si el maestro Domínguez fue indiscutiblemente el intérprete más importante de cilindros no musicales, no hay duda de que la obra que más se interpretó en esa categoría fue *Oratoria fin de siglo*, escrita por Antonio Jiménez Guerra y estrenada en el Teatro Lara en 1896. Se trata de una colección de monólogos en verso y prosa que, a pesar de estar escrita para el escenario, encontró en el fonógrafo el mejor acomodo y la mayor difusión. El mismo actor para quien se había escrito y que estrenó la obra, José Santiago, grababa cilindros con los monólogos para la Sociedad Fonográfica Española Hugens y Acosta. La popularidad de estos textos hizo que muchos otros actores también registrasen los mismos monólogos. No obstante, los cilindros de José Santiago siempre fueron los más prestigiosos y se le identificó con los personajes del libro. Algunos de los números, como *Forense*, *Anarquista* y *Sermón* son títulos muy habituales en las colecciones de cilindros. Aunque el actor no abandonó los escenarios y compaginó la grabación de cilindros con sus actuaciones, José Santiago también fue de los que más tarde seguiría grabando y registraría discos de la marca Zonophone con números, otra vez, de *Oratoria fin de siglo*.

Hubo más actores que impresionaron cilindros no musicales. Mayoritariamente se trataba de cuentos o parodias. En muchos casos eran anónimos y no se identificaba a los intérpretes ni en las etiquetas ni en los anuncios de los cilindros. Así es, por ejemplo, el caso de los cilindros cómicos que grabó en Barcelona el gabinete fonográfico de la Óptica Corrons. Se trata de parodias teatralizadas con hasta tres voces diferentes. Un buen ejemplo es el cilindro *La serenata de Shubert* (sic) archivado en la Biblioteca Nacional con referencia CL/383 (BNE). Aunque en otros casos sí que eran actores conocidos, solo nos quedan evidencias de en qué gabinetes se grabaron, porque al parecer no han sobrevivido cilindros para estudiar. Es el caso de Matilde Rodríguez y su marido Pepe Rubio, ambos actores del Teatro Larra, que grabaron para la Sociedad Anónima Fonográfica Fono-Reyna.

Una categoría más de artistas del fonógrafo que no siempre grababan cilindros musicales eran los llamados excéntricos. Imitadores de animales, virtuosos del silbido, actores capaces de reír durante minutos para conseguir la risa del público y otras curiosidades. Conforman un tipo de grabaciones que fueron muy habituales también durante las primeras décadas de los discos de gramófono. Sin duda, la mejor representación que se encuentra entre las grabaciones españolas es de Carlos Lamas.

El portugués Charles Lamas, que era su verdadero nombre, aparece en los escenarios españoles en 1894. Se anuncia su espectáculo en el que imita el sonido de los instrumentos musicales y es capaz de cantar una romanza al tiempo que la acompaña con la orquesta simulada (Sección de espectáculos, 1894). Al año siguiente recorre el país actuando en varias ciudades y cosecha grandes éxitos y críticas en las que los reporteros se confiesan asombrados por su capacidad de imitar los sonidos como si fuera un fonógrafo.

Competía Lamas con el célebre imitador Leopoldo Frégoli, al que muchos actores emulaban, produciéndose el curioso fenómeno de que se vendían cilindros con imitaciones de Frégoli, es decir, imitaciones de un imitador. Si bien el mérito de Lamas difería del de Frégoli por centrarse el primero en la perfecta imitación de sonidos en lugar de las puestas en escena del segundo que impresionaban por la rapidez con la que cambiaban los personajes que parodiaba. Los cilindros que se han conservado de Carlos Lamas muestran cómo, efectivamente, replicaba el sonido de instrumentos y animales (BNE, ref. CL/198 y CL/158).

De los artistas conocidos que grabaron este tipo de contenido solo el maestro Domínguez se convirtió realmente en un profesional del fonógrafo. El resto mantuvo su actividad tradicional combinándola con la que les permitía el nuevo medio, pero de forma esporádica. La relación de los artistas de esta categoría que hemos podido identificar, pese a que en algunos casos no se conserve ningún cilindro, solo se compone de ocho nombres:

- Carlos Lamas: cómico excéntrico
- Maestro Domínguez: cuentos andaluces y gitanos
- Maestro Paredes: cómico
- Matilde Rodríguez: actriz, narración
- José Rubio
- José Serred Mestre: cómico
- Thous: cómico
- Sr. Valiente: cómico

Si tenemos en cuenta que para las grabaciones musicales, que produjeron en los mismos gabinetes, la lista de artistas contiene un total de 336 nombres, se deduce que la industria fonográfica, precursora de la discográfica, ya centraba el interés en la música y que las grabaciones de palabra hablada, pese a que nunca faltaban en las colecciones privadas, formaban una categoría menor.

Forma y sistemas de grabación

La popularidad de los cilindros de cera y el desarrollo rápido de la actividad de los gabinetes hicieron que, desde el primer momento, el producto formado por el soporte –el cilindro de cera con su estuche– y el contenido asumieran una forma común para todas las compañías y marcas. Por ejemplo, todos los cilindros empiezan con una voz que suele anunciar el título y el intérprete, seguida de una entradilla que identifica a la empresa. Esta forma de abrir el contenido para conformar el producto se perderá en los primeros años del siglo XX cuando los discos de gramófono ofrecen toda la información en las etiquetas centrales. Se separa así la información de identificación de la obra grabada y ya no forma parte del audio. La presencia de los anuncios en los cilindros de cera era, además, agradecida por los usuarios porque les permitía ajustar la velocidad del aparato a la grabación durante esos segundos antes de que empezara el contenido artístico. Un formato típico lo podemos escuchar en el cilindro *Certamen Nacional... Jota* de la fonoteca de la Biblioteca

Nacional con signatura CL/311. Empieza con un anuncio que dice «Certamen Nacional, jota por la señorita Marán. Impresionado en la casa de Aramburo». A continuación, se escucha la jota completa cantada por Eloísa Marán con acompañamiento de piano. Al término de la obra se escuchan aplausos y una voz que dice «Bravo, muy bien, Eloísa, muy bien, bravo» (BNE).

Es obvio que no se trata de grabaciones en directo y que esos aplausos y bravos no corresponden a un público real. Grabar actuaciones en directo en un escenario era casi imposible en la época puesto que para registrar las voces había que hablar o cantar directamente a la bocina del fonógrafo. Tanto en narraciones como en cilindros musicales encontramos estos añadidos que no corresponden exactamente a la obra que se interpreta: aplausos, felicitaciones, jaleos, etc. Al parecer, en el nuevo medio, si no se añadían esos elementos simulando la presencia de público el resultado podía parecer falso o frío. Se creó así un lenguaje propio del cilindro de cera, con anuncios, entradillas y aplausos. En las grabaciones de flamenco también se añaden olés y en las de jota aragonesa se suele oír algún «¡alá maño!». Debe entenderse esto como un intento de hacer que el registro del sonido pareciera real. Un público que solo conocía las interpretaciones ante el público podría percibir extraño el hecho de escuchar las mismas obras sin los elementos que siempre las han acompañado. Es posible pensar en alguna analogía con el verismo, tan presente en esos años en la literatura y la música.

Por otra parte, hay que tener en cuenta que hablar o cantar para el fonógrafo requería del intérprete una técnica especial. No se podía hablar delante de la bocina de la misma forma que se hacía en el escenario. Las limitaciones del medio en cuanto a rangos dinámicos y respuesta en frecuencia eran grandes. El sonido debía proyectarse en una dirección determinada. Mantener la distancia constante. No era fácil. Tanto es así que Antonio Pozo el Mochuelo, el cantaor flamenco que más cilindros grabó, tenía como segundo oficio ser «profesor de canto fonográfico» según rezaba su tarjeta y algunos anuncios en prensa (Sobre la originalidad de los cilindros, 1901). Esto demuestra hasta qué punto se alejan las interpretaciones grabadas de cualquier otra. Observando el fenómeno más de cien años después es fácil que mentalmente construyamos analogías con los sistemas de grabación que usan micrófonos eléctricos, sistemas electrónicos de tratamiento de señal y capacidades de mezclas de sonido de varias fuentes. Nada de eso existía y nada de eso debería ser considerado. Las diferencias entre las grabaciones con amplificación eléctrica que conocemos y las de las grabaciones acústicas es enorme.

Por tanto, para grabar correctamente el intérprete debía limitar el rango de potencia de la voz, es decir, las diferencias entre los sonidos más débiles y los más fuertes. También tenía que cuidar la posición y postura para asegurar que siempre proyectaba la voz directamente al centro de la bocina. Con el objeto de no saturar y producir distorsiones, la distancia hasta la bocina tenía que respetarse y muchas veces debía moverse adelante y atrás conforme los pasajes suaves y fuertes aparecían en la interpretación. La pronunciación de ciertas consonantes tenía que modularse para no generar, por ejemplo, con las letras *p* y *s*, pulsos demasiado violentos que generaban distorsiones. En resumen, grabar bien era un arte compartido por los técnicos y los intérpretes y estos, para no arruinar el fonograma resultante, tenían que adaptar su canto o su habla al nuevo medio.

A la grabación de cilindros se le llamaba entonces impresión. Se impresionaban cilindros y los lugares dedicados a ello eran las salas de impresión, gabinetes de impresionar y términos similares. Las pocas fotografías y descripciones que tenemos de esos salones de impresión sirven para ilustrar las distintas soluciones que se emplearon para obtener el mejor sonido posible. Pese a que no todos las aplicaron siempre de igual forma, no eran muchas las variaciones que encontramos en cuanto a disposición de los elementos del salón, fuentes de sonido, etc.

La siguiente imagen, que muestra el gabinete de José Navarro en pleno funcionamiento, sirve de ejemplo por tratarse de una vista general de salón mientras se graba a un cantante acompañado de piano, lo que por otra parte constituye la formación musical más frecuente en los cilindros. La disposición del instrumento y el cantante se repetirá en todos los gabinetes. Para vencer el problema del rango dinámico del sonido que se graba, esta disposición es muy importante, puesto que una distancia mayor de alguno de las fuentes o un cambio en la posición, que proyecte el sonido en una dirección de forma oblicua, podría convertir la onda en demasiado débil para ser grabada con calidad. Todos los instrumentos y fuentes, incluidas las voces, deben emitir el sonido frontalmente y dirigido de forma directa hacia la bocina. La altura de la fuente sonora debe coincidir con el eje de simetría de la boca de la bocina. En la fotografía vemos como el piano ha sido colocado sobre una tarima para, con la elevación, situar el centro de las cuerdas que producen la vibración a la altura del fonógrafo. A esa misma altura y colocándose entre el piano y el fonógrafo, el cantante se coloca de forma que su cabeza —su boca— esté a la altura del centro de la bocina. José Navarro manipula el fonógrafo y, además del pianista y el cantante, aparecen dos personas más en la sala. Seguramente su función será la de acercarse a la bocina al principio de la toma para decir el anuncio y añadir los característicos aplausos y felicitaciones finales.

Gabinete de impresiones de José Navarro en la calle Fuencarral 32, Madrid.
En: *Boletín Fonográfico y Fotográfico*, Año II, p. 168.

Encontramos esta misma disposición en casas francesas y americanas. Solo en Valencia hemos podido identificar dos gabinetes que añadían un sistema más avanzado para la captura del sonido del piano. Se trata de los gabinetes Puerto y Novalla y Pallás y Compañía. Seguramente la innovación de debe a Pallás, puesto que creó antes el gabinete y se le conocía como técnico avanzado. Ambas casas usaban una enorme bocina acoplada directamente a la trasera

41

del piano que funcionaba como guía de ondas para aprovechar toda la potencia del sonido del instrumento. En el punto de encaje en el diafragma, se unía en un codo el final de esta bocina con el de una bocina estándar para la voz del cantante. La siguiente imagen muestra cómo funcionaba el sistema. En este caso hay dos bocinas para poder grabar dúos. Nótese que la segunda bocina no es funcional cuando solo hay un intérprete, puesto que la voz llegaría oblicua y casi sin potencia. La posición frontal y directa hacia el centro de la bocina debía mantenerse siempre.

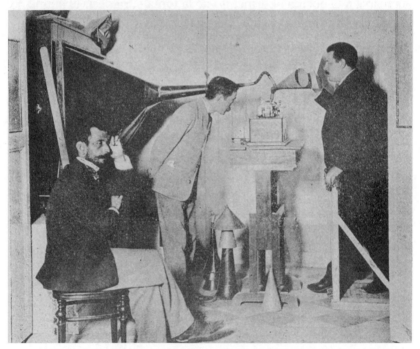

Sala de impresión de Puerto y Novella, Valencia. Sesión de grabación del tenor Francisco Pertierra. Vicente Gómez Novella aparece de pie, en el centro, vigilando el fonógrafo. *Boletín Fonográfico*, Año I, p. 220.

En este sentido, es muy interesante un artículo que se publicó en 1901 en el *Boletín Fonográfico* de la revista *El Cardo* y que era un resumen de otro aparecido antes en una revista italiana equivalente, publicada en Milán. Se trata de la *Revista Fonográfica Italiana*, publicada a partir de 1900 (Cilindrique, 1901). La compañía editora era la Anglo-Italian Commerce Company, una importante empresa milanesa que lideraba el mercado de grabaciones operísticas y que sin duda usaba la publicación para la difusión del fonógrafo y de sus fonogramas. El artículo en cuestión consiste en una serie de recomendaciones sobre la colocación de los instrumentos y voces frente al fonógrafo para obtener las mejores impresiones.

3. Conclusiones

Queda patente que los fonogramas de cilindros de cera que contienen palabra hablada en español son minoritarios y que, seguramente debido a eso, nunca han atraído el interés de coleccionistas e investigadores. En archivos y bibliotecas públicas se conservan varias decenas de ellos. Pero lo cierto es que muchas veces pasan inadvertidos al encontrarse arrinconados en secciones dedicadas principalmente a la música grabada, como lo son la Sala Barbieri de la Biblioteca Nacional o el archivo de ERESBIL. El patrimonio fonográfico anterior a los discos de gramófono ha sido ignorado durante todo un siglo y hoy en día, cuando la actividad de conservación y estudio está empezando a ser intensa, el contenido musical atrae la atención casi por completo.

El significado de estos cilindros como patrimonio cultural es claro cuando se tiene en cuenta que representan el primer formato de producto sonoro. En concreto, en España, son el primer formato de audio en español. Analizándolos se puede estudiar esa forma de comunicación sonora y diferida que, adaptándose a la evolución de la tecnología, se ha desarrollado hasta conformar medios de comunicación como la radio y los pódcast.

En unos años en los que el teatro lírico dominaba la escena hasta el punto de confundir actores con cantantes, los pocos espectáculos con representaciones habladas en español fueron pioneros en la nueva industria de las grabaciones. Pero tan importante como esos registros son los que hicieron narradores, cómicos y cuentistas que obtuvieron fama con el fonógrafo y no tendríamos noticia de ellos de otra forma. Sus cilindros ofrecen información de la sociedad española del momento. Estudiando las colecciones históricas se descubren patrones de los gustos del público en cada región y, a la vista del contenido, no hay evidencia alguna de que en el país existieran distintas culturas en lo musical y escénico. El gusto era compartido en todo el territorio. La zarzuela y la ópera son las protagonistas siempre y en todas las colecciones. Aunque de otras obras y artículos parece deducirse una influencia grande de las culturas locales, especialmente en Barcelona, para diferenciarla del resto, no puedo decir que sea perceptible al estudiar los materiales. Cualquier colección localizada en Cataluña contiene más flamenco, zarzuela, cuentos gitanos, jotas y monólogos que música catalana. Ocurre lo mismo en Bilbao, en Valencia y en el resto de las ciudades. Las grabaciones en otra lengua que no sea el español son muy escasas y, por supuesto, siempre restringidas a colecciones locales.

Eso no quita para que uno de los aspectos más interesantes de los cilindros sea la presencia, aunque sea en muy poca cantidad, de voces en catalán, vasco o gallego. Representación de zortzicos y sardanas, jotas y muñeiras, que forman un mosaico colorido de lo que, eso sí, parecía ser una cultura musical y artística única y compartida en España. Que existía un sentimiento regional bien arraigado es indiscutible. Como también lo es que es en Barcelona y Bilbao donde se presenta de forma más evidente.

El hecho de que la fonografía española fuera literalmente barrida por las empresas extranjeras a principios del siglo XX deja un legado muy definido y diferenciado del movimiento fonografista. Los de los gabinetes españoles son, en su inmensa mayoría, distintos de los posteriores y excepcionales por esas diferencias. Se trata de grabaciones originales y artesanales. Fruto de producciones muy reducidas. No es de extrañar que, entre los coleccionistas, el precio en el mercado de un cilindro español alcance precios más de diez veces mayor al de los producidos en Francia, Inglaterra o los Estados Unidos.

Como patrimonio cultural el valor es incalculable. Como objetos museísticos, históricos, serían comparables a los incunables. El hecho de que se trate a la vez de un patrimonio sonoro que documenta un importante capítulo de la música española aumenta aún más ese valor. En los surcos de los cilindros se guardan las voces de sopranos, tenores, bajos, actores, narradores, interpretaciones de instrumentistas y curiosidades que merecen ser recuperadas y puestas a la disposición de los ciudadanos como documentos de su historia y cultura.

3

SONIDO Y TECNOSTALGIA: EL CASO DE LA MÚSICA *CHIPTUNE*

Israel V. Márquez
Universidad Complutense de Madrid

La nostalgia es un sentimiento complejo que hace referencia a algo que se ha tenido o experimentado en una etapa previa de nuestras vidas pero que ahora no se tiene. En los últimos años, el sentimiento nostálgico, que tradicionalmente se ha asociado con la añoranza del hogar y el deseo de regresar a la tierra natal, o con el anhelo de retornar a una etapa anterior de nuestras vidas, se ha extendido hacia el consumo y preferencia por objetos, estéticas y obras culturales del pasado, las cuales han adquirido una enorme popularidad tras el cambio de siglo. En palabras de Jasmin Cormier: «Una sobredosis de nostalgia domina el siglo XXI. Así lo reflejan numerosos autores, ensayistas y periodistas. Y no sorprende. Nuestra época se caracteriza por un desbocado interés por el pasado y todo lo asociado a él. Los aparatos viejos, las antigüedades *kitsch* y *vintage* o las relecturas y *remakes* de obras culturales del siglo XX han adquirido una popularidad enorme tras el cambio de milenio» (Cormier, 2018: 23).

Dentro de esta sobredosis de nostalgia característica del nuevo siglo encontramos una forma particular de nostalgia articulada en torno a la recuperación, reutilización y resignificación de tecnologías obsoletas y en desuso, una forma que algunos autores han denominado tecnostalgia y que se distingue precisamente por «extraer del pasado una estética inspirada en las tecnologías predigitales ya en desuso» (Cormier, 2018: 24). La tecnostalgia sería, por tanto, una nostalgia por las tecnologías del pasado, un tipo particular de nostalgia que abarca múltiples aspectos, que adquiere formas diversas y que se expresa en multitud de campos, desde la fotografía, el cine o la televisión hasta la música o los videojuegos.

Es precisamente en la fusión de estos dos últimos campos, la música y los videojuegos, donde encontramos una de las manifestaciones de tecnostalgia más icónicas y significativas: la denominada música o cultura *chiptune*. que podemos definir como un conjunto de prácticas de producción e interpretación musical que emplean chips de sonido de antiguos ordenadores y videoconsolas domésticas como elemento compositivo distintivo. El *chiptune* es un caso interesante a la hora de entender cómo tecnologías obsoletas y actualmente en desuso como son los primeros ordenadores y videoconsolas domésticas pueden ser el punto de partida para la creación y experimentación de nuevos sonidos y estéticas, algo que ha sido especialmente destacado por los defensores de la «arqueología de los medios» (Huhtamo y Parikka, 2011; Parikka, 2021), para quienes los medios y dispositivos tecnológicos nunca mueren, sino que subsisten como residuos o bien son reapropiados y reinterpretados creativamente por los usuarios, impulsados muchas veces por un sentimiento de nostalgia hacia ellos. Esto sucede en el caso de la música *chiptune* y su reapropiación creativa de tecnologías en desuso para la producción de nuevos sonidos y un nuevo tipo de música.

1. Definiendo la nostalgia

Decíamos antes que la nostalgia es un sentimiento complejo que hace referencia a algo que se ha tenido o experimentado en una etapa previa de nuestras vidas pero que ahora no se tiene. Svetlana Boym, en su decisivo libro *El futuro de la nostalgia*, señala que la palabra *nostalgia* deriva del griego *nostos*, 'regreso al hogar', y *algia*, 'añoranza'. Es, por tanto, la añoranza de un tiempo y un hogar perdidos. Sin embargo, matiza la autora, aunque el término procede de dos palabras griegas, no se acuñó en la Grecia antigua:

«Es una palabra pseudogriega o nostálgicamente griega. La utilizó por primera vez el ambicioso doctor suizo Johannes Hofer en una disertación de medicina que escribió en 1688. Hofer sostenía que "la sonoridad de la palabra nostalgia define adecuadamente el humor triste originado por el anhelo de regresar a la patria natal". [...] Por extraño que parezca, el término nostalgia no tiene un origen poético o político, sino médico. Esta enfermedad, que surgió en el siglo XVII, afectaba a los jóvenes de la República de Berna que estudiaban en Basilea, a los criados que trabajaban en Francia o en Alemania, a los soldados suizos que luchaban en el extranjero y a otras personas que habían tenido que alejarse de su patria natal por distintos motivos. Se decía que la nostalgia causaba en los enfermos "representaciones erróneas" que les hacían perder el contacto con el presente. La añoranza de la tierra natal se convertía para ellos en una obsesión. El paciente adquiría "un semblante exánime y demacrado" y se mostraba "indiferente con respecto al resto de las cosas"; confundía el pasado con el presente y los acontecimientos reales con los imaginarios. Uno de los primeros síntomas de la nostalgia era la tendencia a escuchar voces y a ver fantasmas» (2015: 25-26).

La nostalgia nace, pues, como enfermedad, como algo que debe ser tratado y corregido, ya que padecer nostalgia significa sufrir, obsesionarse con el pasado, confundir el pasado con el presente, etc. Como señala Jean Starobinski en otro libro fundamental sobre el tema, la nostalgia es «una virtualidad antropológica fundamental: es el sufrimiento del individuo a causa de la separación, cuando este sigue apegado al lugar y a las personas con los cuales estableció sus primeras relaciones. La nostalgia es una variante del duelo» (2012: 225).

Lo interesante de este origen médico de la nostalgia es que, desde entonces, el término parece haber adquirido un tono melancólico, negativo o incluso despectivo (Boym, 2015) que se extiende incluso hasta la actualidad. Un ejemplo significativo de ello es la feroz crítica que hace el conocido periodista y ensayista británico Simon

Reynolds a la música del siglo XXI en su libro *Retromanía*, el cual comienza con las siguientes palabras:

«Vivimos en una era del pop que se ha vuelto loca por lo retro y fanática de la conmemoración. Bandas que vuelven a juntarse y giras de reunión, álbumes tributo y cajas recopilatorias, festivales aniversario y conciertos en vivo de álbumes clásicos: cada nuevo año es mejor que el anterior para consumir música de ayer.

¿Puede ser que el peligro más grande para el futuro de nuestra cultura musical sea... su pasado?

[...] el presente del pop fue paulatinamente invadido por el pasado, ya sea en forma de recuerdos archivados del ayer o de viejos estilos pirateados por el retro-*rock*. En lugar de ser lo que eran, los 2000 se limitaron a reproducir muchas de las décadas anteriores al unísono: una simultaneidad temporal del pop que termina por abolir la historia e impide que el presente se perciba a sí mismo como una época dotada de identidad y sensibilidad propias y distintas» (2012: 11-12).

La crítica de Reynold interpreta, al igual que el sentido médico original de la nostalgia, el pasado como un obstáculo para el presente, como una «representación errónea» que hace perder —en este caso a los músicos— el contacto con el presente, obsesionarse con el pasado, confundir el pasado con el presente, etc., es decir, el mismo tipo de problemas asociados al sentido etimológico de nostalgia señalados en la cita anterior de Boym.

Una aproximación diferente a la nostalgia y más interesante para nuestros propósitos es la ofrecida por el semiólogo francés A. J. Greimas, quien la definió como un estado pasional complejo producto de la mirada sobre el pasado que se caracteriza por una particular combinación de tristeza y gozo (o de disforia y euforia): tristeza por la pérdida de algo o alguien que se tuvo, pero que ya no se tiene (*disyunción con un objeto de valor*: país natal, cosa pasada, etc.), y gozo por el recuerdo, evocación o «simulacro convocado» de ese pasado, el cual afecta al sujeto (Greimas, 1991). Aquí, el pasado no es visto como algo negativo o como un obstáculo para el presente, sino como algo capaz de producir gozo en la persona que lo evoca. Esta aproximación permite entender la nostalgia desde una perspectiva no tan negativa como la ligada a su sentido médico original, y es con la que aquí trabajaremos.

2. *Chiptune* y tecnostalgia

Esa «disyunción con el objeto de valor» de la que hablaba Greimas en su análisis de la nostalgia puede producirse no solo con el país natal o con una situación o época pasada, sino también con determinados medios, tecnologías o formatos, los cuales son capaces de generar en los consumidores lazos duraderos y desarrollar una unión o «vínculo nostálgico» (Holbrook y Schindler, 2006) que desemboca en una preferencia permanente hacia esos medios y tecnologías, incluso cuando han adquirido la categoría de «viejos medios» —frente a los denominados «nuevos medios»— o de «tecnologías obsoletas».

Una preferencia de este tipo está en la base de la música *chiptune*, la cual, como dijimos, puede definirse como un conjunto de prácticas de producción e interpretación musical que emplean chips de sonido de antiguos ordenadores y videoconsolas domésticas como elemento compositivo distintivo. *Chiptune* es, básicamente, música hecha con chips. A este tipo de música también se la conoce como *chip music*, *micromusic*, *bitpop* o música 8 bit, aunque el término *chiptune* se ha convertido en el más aceptado para designar este fenómeno.

Conviene matizar, sin embargo, que algunos autores e incluso representantes de esta subcultura tecnológica niegan que el *chiptune* sea un género musical. Se trataría, más bien, de una determinada manera de hacer música que se caracteriza por usar o emular el sonido de los primeros videojuegos. En *Europe in 8 bits* (Polo, 2013), un importante documental sobre la escena, varios de sus representantes señalan esta cuestión, como por ejemplo el artista *chiptune* Gwen, quien lo define como algo «no cerrado. Se puede hacer todo tipo de música. Si su sonido se hace con 8 bits será 8 bits»; o Tonylight, quien señala que el *chiptune* «no es un género, es un contenedor de géneros. Yo utilizo la Game Boy para hacer mi música». Es por ello por lo que muchos de sus representantes se refieren al *chiptune* no tanto como una música o género musical, sino más bien como una cultura o subcultura basada en la preferencia hacia sonidos, imágenes y tecnologías pasadas, concretamente las relacionadas con la época de los primeros videojuegos, videoconsolas y ordenadores domésticos.

La Game Boy juega un papel fundamental dentro de la escena *chiptune*, hasta el punto de haberse convertido en el *instrumento* preferido por muchos de sus representantes. Lo curioso, en este caso, es que un objeto que nació como una videoconsola portátil pensada exclusivamente para jugar videojuegos, fue reinterpretado y reapropiado creativamente por estos artistas, transformándolo en un instrumento musical. De hecho, parte de la fascinación y curiosidad que despierta esta manera de hacer música tiene que ver con la siguiente pregunta: ¿Cómo se puede hacer música con una Game Boy?, como se pregunta uno de los protagonistas del documental *Europe in 8 bits*, el artista *chiptune* Henry Homesweet: «Intentaba entender cómo hacían música con una Game Boy. Ni siquiera podía imaginármelo...».

Volviendo a Greimas, decía el autor francés que la nostalgia no se relaciona únicamente con un pasado que hemos vivido o experimentado en una etapa previa de nuestras vidas (el país natal, una situación pasada, etc.), sino que puede darse también ante algo que no se ha conocido, pero que se hubiera querido conocer (1991). Aquí, la nostalgia se relaciona con otro tipo de pasión: la duda, entendida como pasión epistémica, como deseo de conocer (Fabbri, 2000). Es decir, que la fascinación sonora y visual que ejerce en una persona ver a otra tocar música con una Game Boy despierta un deseo de conocer cómo se puede hacer eso —«¿Cómo se puede hacer música con una Game Boy?»— lo que a su vez despierta un interés general por esos sonidos, esas tecnologías y ese pasado, aunque se trate de un pasado que no se conoció ni experimentó, pero que se descubre y se disfruta ahora. Otro artista *chiptune* entrevistado en el citado documental, el suizo Bacalao, incide precisamente en esta cuestión: «Hay mucha gente que lo conoce [el *chiptune*], especialmente jóvenes que no vivieron ese pasado, pero que lo descubren ahora. A mis conciertos vienen adolescentes que tienen entre 15 y 18 años y se ponen histéricos. Para ellos, son sonidos que nunca han escuchado...».

3. La Game Boy como emblema *chiptune*

La Game Boy, como hemos dicho, juega un papel determinante dentro de esta escena tecnostálgica. Pero ¿por qué la Game Boy? Recordemos que la Game Boy está considerada como una de las plataformas de videojuegos más difundidas en el mundo, con ventas que superan los 200 millones de unidades. Pero existen otras razones que van más allá de las ventas (Márquez, 2012). Entre ellas, el hecho de que mientras a mediados de los años noventa algunos ordenadores domésticos y videoconsolas ya no incorporaban sintetizadores, Game Boy continuó incluyendo su arquitectura sonora de síntesis polifónica a cuatro voces en muchas de sus revisiones y lanzamientos de *hardware*, convirtiendo su sintetizador en uno de los más populares, difundidos y reconocibles del mundo (Driscoll y Diaz, 2009).

Otro aspecto por destacar sería su ubicuidad, es decir, el hecho de que, al ser una consola portátil, la pudieras tomar entre tus manos y hacer música con ella en cualquier sitio, algo que con otras plataformas como Commodore o Spectrum no era posible debido a su tamaño mayor. Si bien esta no es una propiedad intrínseca de la Game Boy (ya que siempre podemos utilizar emuladores y utilizarlos en otras consolas de mano como la PSP o en ordenadores portátiles de reducido tamaño), algunos de los artistas *chiptune* lo señalan como uno de los factores que explican su popularidad dentro de la escena.

Por último, y esto es quizás lo más importante, su popularidad dentro de le escena *chiptune* se explica también por el hecho de que los programas Nanoloop y Little Sound DJ (que siguen siendo hoy en día los más importantes dentro del *chiptune*) fueron concebidos manipulando directamente Game Boys. Como recuerda Oliver Wittchow, el creador de Nanoloop, en el documental *Europe in 8 bits*: «Un amigo empezó a trastear con la Game Boy y la usó como un ordenador. Nos parecía genial poder programarla. Lo primero que se nos ocurrió fue crear un programa de música». En efecto, a comienzos de los años noventa, un grupo de programadores entusiastas vio en el sistema de solo lectura de la Game Boy un nuevo reto para desafiar las limitaciones de la videoconsola y hacerse un nombre dentro de la comunidad de programadores documentando sus hallazgos en la web. Una de las consecuencias de este proceso de experimentación fue Nanoloop, un programa minimalista de síntesis y secuenciación musical lanzado en 1998 en un cartucho para la Game Boy. A Nanoloop le siguió poco tiempo después una segunda aplicación musical llamada Little Sound Dj (LSDJ), creada por el músico sueco Johan Kotlinski y que pronto se convirtió en una de las herramientas más utilizadas por los artistas *chiptune*. La herramienta desarrollada por Kotlinski ofrecía a los compositores acceso directo al sonido a cuatro voces de la Game Boy, más la reproducción de *samples* y un secuenciador de rollo de piano que tomó prestada de SoundTracker, una herramienta creada en 1987 por Karsten Obarski capaz de representar gráficamente los cuatro canales de audio en el chip de sonido de un ordenador Amiga a la manera de un rollo de piano vertical.

4. La tecnostalgia como crítica tecnológica

La tecnostalgia de la escena *chiptune* y su defensa de tecnologías pasadas como la Game Boy es también una crítica a la tecnología digital actual, que muchos de sus representantes consideran poco auténtica, atractiva o distintiva. Así lo señala Nullsleep, para quien «no hay ninguna característica propia de la Wii que haga que uno diga, al escucharla, "¡Oh!, esto es música de la Wii". Suena igual que la música que compras en CD» (Ryzik, 2007). Coleco Music, por su parte, señala que «cualquier plataforma de juego actual sonoramente es genérica, no tienen un tipo de sonido particular, reconocible» (Entrevista personal). Sin embargo, tecnologías como la Game Boy sí tienen ese sonido particular y distintivo que los hace únicos, como reconoce Meneo: «Lo importante de la Game Boy es el sonido. El chip es único, tiene sonidos que resuenan a toda una generación. Para algunos no ha pasado de moda, no se ha ido» (Entrevista personal). Pero no solo la Game Boy, sino cualquier videoconsola antigua, como señala a su vez Sebastian Tomczak, alias Little-Scale: «las videoconsolas antiguas tienen un sonido muy único y cada consola tiene su propio sonido único, ya que tienen un *hardware* diferente dentro de la misma que genera el sonido, a diferencia de los videojuegos modernos, que pueden tocar cualquier cosa» (Chang, 2010).

Esta preferencia por tecnologías antiguas supone también una actualización del viejo lema bauhasiano del «menos es más», esto es, una apuesta por las limitaciones tecnológicas y sonoras como factor de innovación, vanguardia y creatividad en unos tiempos dominados por la democratización y banalización de sonidos de todo tipo que encontramos en programas de producción musical digital como Reason, Ableton o Pro Tools. De hecho, uno de los lemas de la cultura *chiptune* creado por los fundadores de micromusic.net, la primera comunidad *online* dedicada a este fenómeno, reza así: «Fuck Pro Tools».

Uno de los grandes retos de los artistas *chiptune* es, por tanto, trabajar dentro de las limitaciones de estas videoconsolas y ordenadores antiguos y de sus chips de sonido distintivos. Destaca entonces esta conjunción entre *hardware* y *software*, entre la plataforma utilizada y su sonido característico y distintivo. Por ejemplo, la Game Boy tiene únicamente cuatro canales, por lo que solo se pueden hacer cuatro sonidos a la vez. El desafío, en este sentido, es cómo crear una música que suene completa y sea artísticamente interesante utilizando únicamente estos cuatro canales. Como dice Tomczak, «si estás sentado delante de un ordenador moderno, tienes un montón de pistas y canales, y puedes hacer casi lo que quieras». Sin embargo, trabajando con Game Boys y plataformas similares está la idea de que «tener recursos limitados obliga a trabajar de forma creativa dentro de esas limitaciones y encontrar maneras inteligentes de obtener nuevos sonidos de un sistema que podrían no haber sido oídos antes» (Chang, 2010). Bubblyfish, una de las pocas mujeres en una escena marcadamente masculina, comenta lo siguiente sobre el caso de la Game Boy:

«Me encantó el sonido de la misma, y parte de su encanto es que hay una gran limitación que no requiere mucha producción musical. Al haber esta limitación, creo que puedo empujarme a mí misma a ser más creativa y pensar de modo diferente al que normalmente creo mi música, con más herramientas disponibles» (Van Buskirk, 2007).

Esta preferencia por tecnologías antiguas y con limitaciones sonoras —como los cuatro canales de sonido de la Game Boy— la resume bien el conocido artista *chiptune* BitShifter, quien se describe a sí mismo como un músico electrónico con sede en Nueva York que adopta la filosofía de menos es más operando con una Game Boy estándar y con el fin de crear «sonidos gigantes mediante máquinas pequeñas».

5. *Chiptune,* tecnostalgia y arqueología mediática

Según Coleco Music, un proyecto de música *chiptune* argentino, el *chiptune* tiene que ver con «la utilización del ingenio para lograr hackear las limitaciones de estas plataformas y a su vez hackear los

propios preconceptos de lo que podríamos esperar de estas plataformas hoy en desuso. Lo cual nos lleva directamente a preguntarnos
si las nuevas tecnologías implican necesariamente algo mejor» (Entrevista personal). Esta idea relaciona el *chiptune* con la corriente
teórica y metodológica conocida como «arqueología mediática» o
«arqueología de los medios».

Hace ya algunos años que la denominada *media archaeology* o
arqueología de los medios se ha consolidado como un área de conocimiento que, sobre todo en el ámbito anglosajón y centroeuro-
peo, y cada vez más en el de habla hispana, está suscitando un gran
interés entre los académicos. La expresión, de inspiración foucaul-
tiana, ha sido reivindicada en tiempos recientes por académicos
como Friedrich Kittler, Siegfried Zielinski, Thomas Elsaesser, Erkki
Huhtamo, Wolfgang Ernst o Jussi Parikka, quienes han contribuido
decisivamente a explicitar las bases teóricas y metodológicas de este
nuevo campo de investigación. Todos estos investigadores coinciden
en señalar que la arqueología de los medios permite la construcción
de historias alternativas de medios y tecnologías que han sido supri-
midas, rechazadas, olvidadas o consideradas muertas u obsoletas,
tomando en consideración invenciones que nunca llegaron a mate-
rializarse o investigaciones nunca legitimadas pero que, al ser revi-
sitadas, adquieren una nueva significación. Apostar por una mirada
arqueológica en unos tiempos marcados por la retórica de la novedad, la evolución y la revolución tecnológicas, no deja de ser toda
una declaración de principios y una forma de ofrecer resistencia al
impulso innovador de lo digital y su cada vez más rápida obsolescencia programada. Así, «frente a la amnesia estratégica de la cultura
digital y la industria de los nuevos medios, cabe oponer entonces la
arqueología de los medios como una posibilidad para el recuerdo, y
azote del olvido», una forma de ver «lo viejo en lo nuevo y lo nuevo
en lo viejo» (Alsina *et al.*, 2018: 3).

La arqueología de los medios critica también que los estudios
sobre nuevos medios no tengan mucho interés por el pasado,
como ha sucedido, por ejemplo, con los estudios sobre videojuegos. Como señalan Huhtamo y Parikka (2011), los estudios sobre
nuevos medios «a menudo comparten un desprecio por el pasado»,
pues si bien los desafíos que plantea la cultura mediática contemporánea son extremadamente complejos, «se ha considerado que

el pasado tiene poco que contribuir a su desenredo. Los nuevos medios han sido tratados como un reino omnipresente y atemporal que puede explicarse desde adentro».

Tanto el concepto de tecnostalgia como la perspectiva de la arqueología de los medios permiten redescubrir ese pasado mediático y tecnológico y preguntarnos, como señalaba Coleco Music, «si las nuevas tecnologías implican necesariamente algo mejor». En este contexto interpretativo, los medios y dispositivos tecnológicos nunca mueren, sino que subsisten como residuos o bien son reapropiados y reinterpretados creativamente por los usuarios, impulsados muchas veces por un sentimiento de nostalgia hacia ellos; algo que ya señaló el teórico de los medios canadiense Marshall McLuhan: «La obsolescencia no es el final de nada; es el comienzo de la estética, de la cuna del gusto, del arte, de la elocuencia y de la jerga. Quiero decir que el montón cultural de clichés despreciados y obsolescentes son la matriz donde reside toda innovación» (2009: 291).

Esto sucede en el caso del *chiptune* y su reapropiación creativa de tecnologías en desuso para la producción de nuevos sonidos y un nuevo tipo de música, es decir, para la innovación cultural. Porque, en efecto, la tecnostalgia no debe entenderse simplemente como un retorno a un pasado sonoro y musical ideal, sino como un movimiento hacia nuevos sonidos, placeres e interacciones a partir de la exploración, reutilización y reinterpretación creativa de tecnologías en desuso (Pinch y Reinecke, 2009). Es decir, que la tecnostalgia estaría creando algo nuevo a partir de lo viejo, no simplemente rememorando ese pasado. El caso que comentábamos más arriba de artistas jóvenes que se interesan por producir o simplemente disfrutar la música *chiptune* es un ejemplo notable de ello. Recordemos, en este sentido, las palabras de Bacalao citadas anteriormente: «Hay mucha gente que lo conoce [el *chiptune*], especialmente jóvenes que no vivieron ese pasado pero que lo descubren ahora. A mis conciertos vienen adolescentes que tienen entre 15 y 18 años y se ponen histéricos. Para ellos, son sonidos que nunca han escuchado...». Aquí puede verse el poder de la tecnostalgia a la hora de crear nuevos sonidos, placeres e interacciones incluso entre personas que nunca conocieron ni experimentaron ese pasado. Aquí puede verse, también, una enseñanza mediática y tecnológica. Y es que, como señalaba Henry Jenkins, «la historia nos enseña que los viejos medios nunca mueren y ni siquiera se desvanecen», porque «una vez que un medio se establece satisfaciendo alguna exigencia humana fundamental, continúa funcionando dentro de un sistema más vasto de opciones comunicativas» (2008: 24-25); o dicho de otro modo, una vez que hemos establecido un lazo duradero con un medio o tecnología —como puede ser el caso de la Game Boy en la comunidad *chiptune*—, podemos preferirla dentro de un sistema más amplio de opciones tecnológicas. Esta es, precisamente, la esencia de la tecnostalgia.

6. Conclusiones

A lo largo de este trabajo hemos querido evidenciar cómo tecnologías obsoletas y actualmente en desuso como son los primeros ordenadores y videoconsolas domésticas pueden ser el punto de partida para la creación y experimentación de nuevos sonidos y la construcción de un tipo particular de comunidad unida por un sonido característico como es el de los viejos chips de audio de tales tecnologías.

Como han demostrado los defensores de la arqueología de los medios (Huhtamo y Parikka, 2011; Parikka, 2021), los medios y dispositivos tecnológicos nunca mueren, sino que subsisten como residuos o bien son reapropiados y reinterpretados creativamente por los usuarios, impulsados muchas veces por un sentimiento de nostalgia hacia ellos. Esto sucede en el caso de la música *chiptune* y su reapropiación creativa de tecnologías en desuso para la producción de nuevos sonidos y un nuevo tipo —o una nueva manera de hacer— música. Porque la tecnostalgia, como también hemos querido demostrar a lo largo de estas páginas, no debe entenderse simplemente como un retorno a un pasado sonoro y musical ideal, sino como un movimiento hacia nuevos sonidos, placeres e interacciones a partir de la exploración, reutilización y reinterpretación creativa de tecnologías en desuso (Pinch y Reinecke, 2009). Es decir, que la tecnostalgia estaría creando algo nuevo a partir de lo viejo, no simplemente recuperando o rememorando ese pasado.

La tecnostalgia, en definitiva, no sería un movimiento conservador, sino más bien todo lo contrario: una apuesta por las limitaciones técnicas de los viejos medios y dispositivos tecnológicos —como la Game Boy, en el caso del *chiptune*— como factor de innovación, vanguardia y creatividad en unos tiempos dominados por la retórica de la novedad, evolución y revolución digitales.

4

EL DOCUMENTAL SONORO EN EL PÓDCAST DE HABLA HISPANA. CASOS DE ESTUDIO EN PÓDCAST NARRATIVOS DE NO FICCIÓN EN LATINOAMÉRICA Y ESPAÑA

Sergio Javaloy Ballestero
Universitat Jaume I de Castelló

El documental sonoro —adaptación al castellano del término inglés *radio feature*— es un género radiofónico híbrido entre periodismo y arte que sirve para contar historias reales con sonidos. Un género de autor que se constituye como una alternativa estética para contar la realidad apoyándose en el valor narrativo del sonido (Godinez Galay, 2019). El documental sonoro tiene una larga tradición en muchos países del norte de Europa, de Norteamérica y de Oceanía. Sin embargo, dada su naturaleza, su extensión y sus dinámicas de producción, el documental sonoro ha tenido una presencia marginal en la radiodifusión pública y casi inexistente en la radio comercial (Mitchell, 2005). En España y Latinoamérica, además, el género ha estado marcado históricamente por las estructuras narrativas periodísticas del reportaje y la crónica (Romero Valldecabres, 2018). No obstante, el cambio de paradigma que ha experimentado la radio con el desarrollo del *podcasting* (globalización y redefinición de la audiencia; nuevas y más accesibles tecnologías de producción y distribución; nuevos hábitos en el consumo de audio, etc.) ha favorecido el auge reciente del documental sonoro en internet (Beauvoir, 2015; McHugh, 2014).

España es uno de los países de Europa con mayor consumo de pódcast. El 38 % de los internautas afirma escucharlos con regularidad en el último mes, según datos del Digital News Report España (2021). Una tendencia que confirma el Observatorio iVoox, donde el 55 % de las personas encuestadas reconocieron haber aumentado su consumo de pódcast en 2021 respecto a 2019. Asimismo, se advierte un incremento relevante en la creación de pódcast en español, siendo el quinto idioma con mayor crecimiento en el sector: en 2020 se produjeron 6.8 veces más *pódcast* en español que en 2019 (iVoox, 2021). Este aumento en el consumo y creación de audio en el contexto hispanohablante ha cristalizado en el desarrollo de una amplia variedad de géneros en el *podcasting*. Uno de ellos es el pódcast narrativo de no ficción, término que se viene empleando como una extensión del documental sonoro en el entorno *online* del periodismo radiofónico (Gutiérrez, Sellas y Esteban, 2019).

1. Objetivos de la investigación

La presente investigación tiene como objetivo principal realizar una aproximación al estado del documental sonoro en el pódcast nativo e independiente de habla hispana, poniendo de manifiesto los aspectos formales y de contenido fundamentales para su desarrollo en diferentes países bajo el término de pódcast narrativo o pódcast narrativo de no ficción.

A partir de este objetivo general se establecen los siguientes objetivos específicos:

- Definir el género del documental sonoro o *radio feature* y determinar sus rasgos característicos.
- Conocer la evolución, el desarrollo y la adaptación del documental sonoro en el pódcast narrativo.
- Estudiar las variables formales y de contenido de los diferentes pódcast objeto de estudio.
- Detectar las similitudes y diferencias existentes entre los pódcast según las variables analizadas.

2. Metodología

Abordamos este estudio con un enfoque metodológico cuantitativo y cualitativo. La estructura del presente trabajo se divide en dos bloques donde combinamos diferentes técnicas de investigación:

El primer bloque está dedicado al marco teórico y en él establecemos el estado de la cuestión, abordamos la definición y caracterización del documental sonoro y analizamos su desarrollo e implantación en el *podcasting* mediante un estudio descriptivo-analítico basado en la revisión de fuentes bibliográficas especializadas.

En el segundo bloque, orientado a la investigación aplicada, empleamos la técnica de análisis de contenido para estudiar en profundidad los rasgos formales, estructurales y de contenido que caracterizan, en la actualidad, al documental sonoro en español en el *podcasting*. Para ello, diseñamos un modelo de análisis basado en las variables de historia real, estructura narrativa, estética sonora, perspectiva autoral y estrategia transmedia. La muestra sobre la que aplicamos el análisis de contenido está formada por tres pódcast narrativos de habla hispana: *Radio Ambulante* (EE. UU.), *Las Raras* (Chile) y *De eso no se habla* (España). Estos pódcast han sido seleccionados por cumplir las siguientes premisas: pódcast narrativos de diferentes países dentro del contexto hispanohablante, pódcast nativos e independientes de la radio tradicional y representativos del género del documental sonoro, pódcast de estructura unitaria y no seriada y, por último, pódcast de fácil acceso para su estudio. La muestra de análisis está compuesta por un total de dieciocho documentales sonoros, seis episodios unitarios por pódcast, producidos entre 2020 y 2022.

3. El documental sonoro o *radio feature*

Antecedentes históricos del documental sonoro o *radio feature*

El documental sonoro es un género radiofónico que se aproxima a la realidad desde un punto de vista de autor, combinando el poder emotivo de la voz y la narración con la complejidad y el valor estético del sonido. Esta importancia por la estética de lo sonoro, por la parte artística de la creación, es una característica esencial que encontramos en el nacimiento del género del documental sonoro: el *radio feature*[1].

El *radio feature* aparece en Europa entre 1920 y 1930 fruto de la continua experimentación en el sonido y en la radio de los primeros compases del siglo XX. Desde su concepción, el *radio feature* es considerado un género mixto o híbrido, ubicado dentro del arte radiofónico y con estrecha relación con el radiodrama, que mezcla aspectos de realidad y ficción con otros elementos del arte sonoro como la poesía sonora, la música original, el paisaje sonoro, entre otros (Lechuga, 2015; McHugh, 2010; Rodríguez, 2021).

En una segunda etapa, a mediados de los años sesenta, los avances tecnológicos en la captación y grabación magnética portátil permitió a los productores salir al mundo exterior a grabar los sonidos originales de la historia contada e introducirlos en sus creaciones sonoras, enriqueciendo y haciendo evolucionar el género. Madsen califica este período como la «nueva ola del filme sonoro, radiomontaje, radiofilme y documental de creación» (Madsen, 2005: 190).

La *International Feature Conference* (IFC), fundada en 1975 por el alemán Peter Leonhard Braun, el belga Andries Poppe y el sueco Ake Blomström, fue el primer foro internacional que impulsó la modernización y el desarrollo del documental sonoro (Braun, 1999). A pesar de su carácter internacional y de su principio de inclusión mundial, en las 48 ediciones celebradas hasta ahora, la IFC nunca se ha celebrado en países de habla hispana. Se hace evidente una distancia entre el *radio feature* o documental sonoro de sello europeo y el tipo de documental radiofónico que se producía mayoritariamente en España y Latinoamérica en la segunda mitad del siglo XX: alejado del arte sonoro, situado como un género informativo en las emisoras de radio, tanto públicas como comerciales, y supeditado a las estructuras narrativas del periodismo como una extensión del reportaje o la crónica (Camacho, 2004; Lechuga, 2015; Romero Valldecabres, 2012).

Este nuevo *radio feature* o documental radiofónico de estilo europeo se consolidó como género de vanguardia y obra de prestigio para las emisoras de radiodifusión en certámenes como el Premio Italia durante los años setenta y ochenta. Sin embargo, el género mantendría su carácter experimental y artístico, alejado del *mainstream* y de las grandes audiencias hasta el renacimiento del género a finales de los años noventa en la radio pública de Estados Unidos (Santos y Peixinho, 2019).

Definición y rasgos característicos del género

Desde su origen, el documental sonoro es un término relacionado con el arte radiofónico, la creatividad, la experimentación y con la mezcla de diferentes géneros y recursos auditivos. A partir de una segunda etapa, con el avance tecnológico en la grabación portátil y la captación de sonido «salvaje» y de testimonios reales en los años sesenta, los márgenes se amplían y la flexibilidad e hibridación del documental sonoro forman parte de su definición y de su atractivo (Godinez Galay, 2018).

Siobhan McHugh (2012b:16) lo define como «una mezcla de arte y periodismo que gira en torno a la narración de historias a través del sonido». En esta línea, la comunidad de autores e investigadores que funda en 2014 el Foro de Documental Sonoro en Español (SONODOC) evita realizar una definición formal y establece como objetivo clave del documental sonoro el «contar historias reales con sonidos» (Sonodoc, 2022). Los autores brasileños Da Silva y Lopes de Oliveira ven en el documental sonoro o *audiodocumentario* un género que utiliza conjuntamente recursos del arte sonoro y técnicas del periodismo «para explorar los sistemas expresivos del lenguaje radiofónico, prestando mayor atención al poder evocador de los sonidos, la estética del contenido y el carácter social de la radio» (da Silva y Lopes de Oliveira, 2020:184). Por su parte, del productor y formador Godinez Galay (2014) afirma que el documental sonoro cuenta una historia real, «surgida de la investigación periodística, pero además debe aparecer como una historia, como un cuento, como algo que uno quiera saber hasta dónde llega». Raúl Rodríguez (2021:449) apoya esta visión al afirmar que el documental «es una propuesta única que busca la inmersión del auditor para vivir una experiencia en la escucha» y pone como ejemplo las historias de vida, como subgénero, o el pódcast narrativo de no ficción como tipos de documental que «potencian la dimensión personal y emocional».

Una de las fundadoras de Sonodoc, Charlotte de Beauvoir (2015), identifica en el documental sonoro cuatro elementos básicos característicos: realidad, narrativa sonora, estética y género de autor, este último compartido también por otras autoras como Madsen (2010) y McHugh (2010). Karla Lechuga (2015) amplía la enumeración y apunta a la mezcla entre realidad y ficción, la profundidad en la investigación de un tema, el tratamiento estético de la información, el tiempo de duración y la estructura como características propias del documental sonoro.

Para nuestra investigación, tomamos como referencia los cuatro rasgos característicos del género según de Beauvoir —realidad, narrativa sonora, estética y género de autor— para conformar las variables que estudiaremos en el análisis de contenido: historia real, estructura narrativa, estética sonora y perspectiva autoral. A estas variables incorporamos una más, la estrategia transmedia, para completar el diseño de análisis del documental sonoro.

4. Evolución del documental sonoro en el *podcasting*

De la radio al pódcast: la influencia de *This American Life*

El documental sonoro, como género radiofónico con identidad propia, comienza a desprenderse de la etiqueta de contenido marginal y de nicho para encontrar el camino hacia el reconocimiento de la industria y de las grandes audiencias antes de la llegada del *podcasting* gracias, en gran medida, al programa de la radio pública de Estados Unidos, *This American Life* (TAL), dirigido y presentado por el periodista Ira Glass, considerado como «uno de los mejores contadores de historias en audio de nuestro tiempo» (Espinosa de los Monteros, 2020). En 1999, la revista *American Journalism Review* calificaba a TAL como «un programa de radio innovador que está a la vanguardia de una revolución periodística» (Fisher, 1999). Esta revolución toma como referencia la esencia del documental sonoro: el poder de contar historias reales en audio.

TAL comienza sus emisiones en 1995 por la WBEZ, la radio pública de Chicago. Un año después es distribuido en todo el país por la NPR (*National Public Radio*) y desde 2006 se distribuye en formato pódcast. Actualmente, el programa se emite en más de quinientas emisoras de los Estados Unidos (también en Canadá y Australia), y su audiencia es de más de dos millones de oyentes semanales en radio y otros 2.3 millones lo descargan como pódcast. Con más de setecientos episodios en 27 años, *This American Life* ha obtenido todo tipo de reconocimientos: ha sido seis veces ganador del Premio Peabody y, en 2020, consiguió el primer Premio Pulitzer otorgado a un programa de radio o pódcast (*This American Life*, 2022).

Las producciones de *This American Life* utilizan técnicas artísticas de producción radiofónica con elementos de periodismo documental y otro tipo de narraciones (Glass, 2011; McHugh, 2012a).

TAL es considerado «un pionero en la forma contemporánea de usar la narrativa al servicio del periodismo radiofónico» (Santos y Peixinho, 2019). Su estilo narrativo es identificado por Mia Lindgren (2016) como el origen del *personal narrative journalism* o *personal audio storytelling*, «un género emergente que está impulsando gran parte de la reinvención de los pódcast», que se caracteriza principalmente por la participación en la historia del periodista, quien comparte sus emociones y experiencias, y por el enfoque narrativo del trabajo periodístico en el que se enfatizan las experiencias personales de los protagonistas (Coward, 2013). El trabajo de Ira Glass y su equipo en TAL, especialmente a lo largo de los diez años anteriores a la llegada del *podcasting*, ejercería una gran influencia en los creadores de algunos de los pódcast narrativos más exitosos de los Estados Unidos (*Radiolab, Invisibilia, Serial o S-Town*) y de América Latina (*Radio Ambulante*) e inspiraría a muchos otros en todo el mundo (Bonini, 2015; Lindgren, 2016; Santos y Peixinho, 2019).

Serial, el pódcast narrativo que revoluciona el medio

El pódcast *Serial* es un *spin-off* de *This American Life* producido en colaboración con la WBEZ de Chicago y presentado por la periodista y productora ejecutiva, Sarah Koenig, quien trabajó durante una década como productora de TAL. La primera temporada se emitió entre octubre de 2014 y febrero de 2015 y logró alzarse con el primer Premio Peabody que se otorgó a un pódcast (Rosen, 2015). El éxito de audiencia y crítica de *Serial* marcó un punto de inflexión en la narrativa sonora de no ficción (Berry, 2015) y cambió la breve historia del *podcasting* «transformándolo en un medio de masas» (Bonini, 2015) y «otorgándole una relevancia que hasta ese momento no tenía» (Palomar y Borrajo, 2017).

Tras su lanzamiento, en octubre de 2014, el pódcast alcanzó el millón de descargas por capítulo en cuatro semanas, algo que a *This American Life* le llevó cuatro años; a finales de 2014, *Serial* llegó a los cuarenta millones, y en octubre de 2015, el pódcast había sido descargado más de noventa millones de veces (O'Meara, 2015; Quirk, 2015).

La forma de narrar de Koenig, heredada de su trayectoria en TAL, es uno de los aspectos más relevantes del fenómeno *Serial*. Su voz «se convierte en un personaje más de la historia que presenta, interactúa con los personajes y comparte con los oyentes sus sentimientos y actitudes personales» (Gálvez Vásquez, 2019). El estilo personal de Koenig permitió que el público se involucrara intelectual y emocionalmente en la historia lo que ayudó a su éxito (Berry, 2015). La influencia de este tipo de narración «está impulsando gran parte de la reinvención de los pódcast (...) y está creando un género discernible y detectable» (Lindgren, 2016:15).

En el contexto hispanohablante, este género se conoce como pódcast narrativo (Gutiérrez, Sellas y Esteban, 2019), una de las formas que toma el documental sonoro en su adaptación al *podcasting*, contando historias reales con sonidos mediante narrativas personales y subjetivas, y sin las limitaciones de tiempo y espacio de la radio tradicional (Rodríguez, 2021).

Aproximación al contexto hispanohablante

La experiencia en la producción de documental sonoro en España antes de la llegada del *podcasting* es escasa, con pocos espacios dedicados al género en las emisoras de radiodifusión (Gutiérrez, Sellas y Esteban, 2019:148). Uno de ellos es Radio Nacional de España, que desde 2001 produce *Documentos RNE*, un programa dedicado exclusivamente al documental sonoro que después de más de veinte años en antena se ha convertido en un referente del género en la radiodifusión española.

Sin embargo, este tipo de documental sonoro está más cercano al género periodístico de investigación histórica que al concepto de *feature* o género de autor híbrido entre arte y periodismo. Para Laura Romero (2018:37) la mayoría de las producciones de *Documentos RNE* mantienen una estructura clásica: «piezas de una hora, con una gran cantidad de datos, testimonios de expertos, música de apoyo y un locutor omnipresente durante toda la pieza». Una producción sonora de gran nivel técnico y de profundidad periodística, pero que no proporciona al oyente una experiencia o una vivencia. Algo que sí hace el documental sonoro de estilo europeo (Romero Valldecabres, 2018).

Por otro lado, la influencia de *This American Life* permitió el desarrollo del género en Latinoamérica «con más cercanía hacia el documental sonoro o *feature*» (Rodríguez, 2021: 445). Tanto es así que, en 2011, el peruano Daniel Alarcón y la colombiana Carolina Guerrero, residentes en Estados Unidos, crearon el pódcast narrativo *Radio Ambulante* con la idea de «hacer un *This American Life* en español» (Alarcón, 2019). Un proyecto independiente que ha producido más de doscientos episodios en más de veinte países de la región con el objetivo fundamental de «contar en audio historias de Latinoamérica que sean complejas, reales y que tengan matices» (Viñas y Segura, 2018:124). El interés académico por el género también ha experimentado un crecimiento sustancial en Latinoamérica en los últimos años. Iniciativas como Sonodoc, el Foro de Documental Sonoro en Español, creado en 2014 como un espacio de escucha y análisis «para discutir sobre la necesidad de impulsar este género en los países de habla hispana» (Lechuga, 2015:141), o el Centro de Producciones Radiofónicas

(CPR) un colectivo «dedicado a la producción, experimentación, investigación, capacitación y consultoría en radio» (CPR, 2018) han permitido un mayor desarrollo, divulgación y reconocimiento del género.

Asimismo, la repercusión de *Serial* en 2014 provocó un cambio de paradigma en la producción y comercialización del *podcasting*. En España, esta circunstancia se materializó en 2016 con la creación de Podium Podcast (Grupo Prisa), una de las primeras redes globales de pódcast del país. En su primer año, Podium Podcast alcanzó millones de descargas en su catálogo de pódcast y recibió el Premio Ondas al mejor programa, radio o plataforma radiofónica de emisión *online* (Espinosa de los Monteros, 2017). La estructura serializada y la narrativa personal que popularizó *Serial* se ve reflejada en las primeras producciones de Podium: *Le llamaban padre* de Carles Porta y José Ángel Esteban (2016), *V las cloacas del estado*, de Álvaro de Cózar (2016) y *Lo conocí en un Corpus* de la periodista Noemí López Trujillo (2017). Los tres trabajos responden a sendas investigaciones periodísticas de largo recorrido. Esta tendencia se trasladó con éxito a otras redes de pódcast y, en 2018, Cuonda produce *Las tres muertes de mi padre* de Pablo Romero, un relato periodístico muy personal sobre la investigación del asesinato de su propio padre a manos de ETA, que se alzó con el primer Premio Ondas de la historia al mejor pódcast (Público, 2018).

En 2020, otra producción seriada y basada en la investigación periodística y la narración cercana y personal se lleva el Premio Ondas al mejor pódcast: *X Rey* del periodista Álvaro de Cózar, es una serie producida por Story Lab para Spotify (SER, 2020). El jurado de esa edición (2020) otorgó una mención especial a *Preguntan por ti*, un episodio del pódcast *De eso no se habla* de Isabel Cadenas Cañón, «por su capacidad para deslumbrar haciendo grande una pequeña historia», siendo la primera vez que un pódcast narrativo de estructura unitaria se alzaba con una mención en los Premios Ondas.

Una prueba de la consolidación actual del *podcasting* en España y Latinoamérica es la reciente creación de los primeros Premios Ondas Globales del Pódcast 2022, organizados por PRISA

Audio y Cadena SER, en colaboración con Spotify, que según los creadores «se presentan ya como el gran encuentro del sector en el mundo hispanohablante» (Premios Ondas, 2022). Entre las categorías a concurso, se encuentra la de mejor pódcast narrativo de no ficción y la de mejor episodio de pódcast. El nivel alcanzado por la mayoría de los pódcast narrativos de los últimos años evidencia una evolución positiva del género (Gutiérrez, Sellas y Esteban, 2019:148). En este punto, cumplen un papel fundamental las empresas productoras de pódcast y los productores independientes pues «están renovando las narrativas sonoras en español con propuestas híbridas, innovadoras e inclusivas del documental» (Rodríguez, 2021:448).

5. Investigación aplicada

Muestra y unidad de análisis

La selección de los pódcast que conforman la muestra de nuestro estudio: *Radio Ambulante* (RA, EE. UU.), *Las Raras* (LR, Chile) y *De eso no se habla* (DENSH, España), atiende a los siguientes criterios:

- Pódcast narrativos de no ficción de países diferentes dentro del contexto hispanohablante.
- Pódcast nativos, independientes de las radios tradicionales y representativos del género del documental sonoro.
- Pódcast de estructura narrativa unitaria y no seriada.
- Pódcast de fácil acceso para su estudio.

El diseño muestral está formado por seis episodios de cada pódcast: un total de dieciocho historias sonoras publicadas entre los meses de enero de 2020 y mayo de 2022. Para seleccionar los episodios de cada pódcast tomamos como referencia que DENSH únicamente tiene seis publicados, todos producidos en el año 2020. En el caso de RA y LR se ha seleccionado un episodio de 2020, dos de 2021 y tres de 2022 respectivamente.

Tabla 4.1. Muestra del análisis

N.º	Pódcast	Título	País	Año	Duración
1	RA	Las casetes del exilio[2]	Chile	2020	29' 21"
2	RA	El niño millón	Panamá	2021	33' 18"
3	RA	El reloj y la linterna	Argentina	2021	58' 35"
4	RA	Cocorí	Costa Rica	2022	46'
5	RA	Radio Victoria	El Salvador	2022	41' 47"
6	RA	Mónica, la primera	Ecuador	2022	51'
7	LR	59 balas[3]	Estados Unidos	2020	27' 25"
8	LR	La furia de Alaín	México	2021	27' 15"
9	LR	Las pastillas	Chile	2021	24' 17"
10	LR	Mi danza psicodélica	Venezuela	2022	27' 05"
11	LR	La reinvención de los manteros	España	2022	26' 40"
12	LR	El pajarero y sus secuestradores	Colombia	2022	35' 49"
13	DENSH	Preguntan por ti	España	2020	32' 32"
14	DENSH	Jadiya	Sáhara Occidental	2020	30' 53"
15	DENSH	Una placa en mi pueblo[4]	España	2020	40' 52"
16	DENSH	El hijo del alemán	España	2020	40' 40"
17	DENSH	Seis barrotes	España	2020	43' 16"
18	DENSH	Un agujero en el silencio	España	2020	41' 30"

La unidad de análisis estará formada por cada uno de los 18 episodios o documentales sonoros seleccionados, así como por el material audiovisual, gráfico y textual complementario de cada relato que puede configurar una estrategia transmedia y que se encuentra disponible en la página web oficial del pódcast.

Variables y categorías

Las variables aplicadas para el análisis están basadas en las características del documental sonoro: historia real, estructura narrativa, estética sonora, perspectiva autoral y estrategia transmedia.

Aspectos formales:
- Duración del episodio: menos de 25', entre 25' y 35', entre 35' y 45', entre 45' y 55' y más de 55'.
- Plataformas de distribución y promoción.

Historia real:
- Tipo de historia: historia de vida, hecho histórico, personaje histórico, noticia de alcance, otro.

Estructura narrativa:
- *Host* o presentador.
- Voz narradora según la tipología creada por Garrido (1996) a partir de las ideas de Genette (1989): narrador autodiegético o protagonista, narrador homodiegético o testigo directo, o narrador heterodiegético o testigo indirecto.
- N.º de personajes que se identifican en el episodio.
- Tipología de personajes a partir de la propuesta de Seger (1999): principal (protagonista, antagonista), secundario (confidente, catalizador, de masa o peso) y terciario o incidental.
- Estructura del relato: lineal o cronológica, discontinua o no lineal, estructura *in medias res* (la narración comienza en mitad de la historia), estructura inversa, *racconto* o *in extrema res* (comienza por el final o por un punto cercano al final de la historia) y estructura circular (el principio y el final de la historia coinciden).

- Recursos de ficción sonora según propuestas de Godinez Galay (2018).
  - Dramatización: momentos vividos por personajes de ficción que sirven para representar escenas o situaciones que ocurrieron en la realidad.
  - Recreación: representación fiel desde la ficción de un acontecimiento o hecho real específico en la que los personajes son identificables.

Estética sonora:
- Voz de los testimonios: grabación a distancia o por medios telemáticos, presencial en el entorno del personaje o documentos sonoros de archivo
- Música: original, adaptada o no utiliza música.
- Efectos de sonido según funciones propuestas por Balsebre (2007).
  - Número total de efectos (sin considerar las repeticiones o sonidos derivados).
  - Función ambiental o descriptiva: aportan veracidad y restituyen la realidad objetiva.
  - Función expresiva: refuerzan sentimientos o estado de ánimo.
  - Función narrativa: pueden servir de transición o representar a un personaje.
- Paisajes sonoros según definiciones de Schafer (1993) y Cornejo (2019).
  - Paisaje sonoro real o en vivo: sonido ambiente real registrado en campo, en el lugar y tiempo en el que ocurre la historia y que rodea a los personajes.
  - Paisaje sonoro recreado o pregrabado: sonido ambiente pregrabados, genéricos, que no se corresponde con el paisaje sonoro real, pero intenta recrearlo.
- Vinculación con la historia del autor: sin vinculación, experiencia autobiográfica, relación con los personajes, relación con el entorno u otro tipo de relación.
- Actitud autoral con la historia: neutral, interpretativa y participativa o emotiva.

Estrategia transmedia:
Según la taxonomía de contenidos elaborada por David García Marín y Roberto Aparici (2018).

- Contenidos adaptados: resúmenes de episodios, avances y otros.
- Contenidos expandidos.
  - Extensiones textuales que amplían el contenido de la historia: carátula, material audiovisual complementario, etc.
  - Información metatextual sobre la producción del documental o sus autores.
  - No amplía el contenido del relato: información industrial (*making-of*), sobre los autores (créditos), información instrumental (transcripción).

6. Resultados

Aspectos formales

Radio Ambulante (RA), *Las Raras* (LR) y *De eso no se habla* (DENSH) mantienen una estrategia similar en relación con las plataformas de difusión y promoción. Cada uno de los 18 episodios estudiados tiene un sitio web específico desde donde se puede escuchar la historia. Asimismo, los tres utilizan las redes sociales para promocionar su contenido. RA y DENSH usan la *newsletter* como estrategia de comunicación y están presentes en más aplicaciones de pódcast que LR.

Tabla 4.2. Plataformas de distribución y promoción

	Web/ Blog	Aplicaciones	Newsletter	Redes Sociales
Radio Ambulante (RA)	Sí	Apple Podcast Google Podcast Spotify iVoox GetPodcast Podtail Podcast App Podimo	Sí	Facebook Twitter Instagram LinkedIn

	Web/ Blog	Aplicaciones	Newsletter	Redes Sociales
Las Raras (LR)	Sí	Spotify Podimo	No	Facebook Twitter Instagram
De eso no se habla (DENSH)	Sí	Apple Podcast Google Podcast Spotify iVoox Castbox	Sí	Facebook Twitter Instagram Telegram

En lo relativo a la duración, un 44.4 % de las historias duran entre 25 y 35 minutos, y un 33.3 % entre 35 y 45 minutos. Si observamos el gráfico 2 vemos una mayor homogeneidad en los tiempos de las historias de DENSH y LR y una mayor diversidad en la duración de los episodios de RA.

Historia real

El documental sonoro parte de una historia, de unos hechos de la realidad que son narrados a través de los sonidos. Con el estudio de esta variable tratamos de averiguar de dónde nacen estas historias y qué tipo de temas son los más habituales. En este sentido, los datos recogidos muestran que el 50 % de los episodios surgen de una historia de vida: un hecho, una circunstancia o una situación personal e íntima de la vida de los protagonistas que habitualmente son personas anónimas. A continuación, predominan las historias basadas en un hecho histórico (22 %); las que parten de una noticia de alcance (17 %), y, por último, los relatos que nacen de un personaje histórico (11 %).

Gráfico 4.1. Tipo de historias

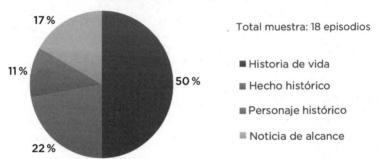

Total muestra: 18 episodios

- Historia de vida
- Hecho histórico
- Personaje histórico
- Noticia de alcance

El racismo, la lucha feminista, los derechos sexuales y reproductivos, la violencia policial, el terrorismo, la inmigración, el exilio, la reconciliación, la memoria histórica o la defensa del medioambiente son algunos de los temas principales de los relatos analizados. Temas universales que son tratados desde un prisma diferente, con las personas en el centro de la historia, que revelan la diversidad y complejidad de la región hispanohablante, tal y como se muestra en la tabla siguiente:

Tabla 4.3. Tipo de historia y tema por episodio

N.º	Pódcast	Episodio	País	Tipo de Historia	Tema principal
1	RA	Las casetes del exilio	Chile	Historia de vida	Exilio por las dictaduras de Pinochet y Videla y relaciones familiares
2	RA	El niño millón	Panamá	Hecho histórico	Populismo y promesas políticas incumplidas
3	RA	El reloj y la linterna	Argentina	Hecho histórico	Atentado terrorista impune
4	RA	Cocorí	Costa Rica	Personaje histórico	Racismo en la literatura infantil
5	RA	Radio Victoria	El Salvador	Noticia de alcance	Defensa del medio ambiente: lucha contra explotaciones mineras
6	RA	Mónica, la primera	Ecuador	Personaje histórico	Racismo en los concursos de belleza femeninos
7	LR	59 balas	Estados Unidos	Noticia de alcance	Violencia policial y racismo
8	LR	La furia de Alaín	México	Historia de vida	Salud pública: derechos de los enfermos de VIH
9	LR	Las pastillas	Chile	Noticia de alcance	Salud pública y feminismo: derechos sexuales y reproductivos, derecho al aborto
10	LR	Mi danza psicodélica	Venezuela	Historia de vida	Consumo de drogas en terapias psicodélicas

N.º	Pódcast	Episodio	País	Tipo de Historia	Tema principal
11	LR	La reinvención de los manteros	España	Historia de vida	Inmigración, racismo, integración en la sociedad
12	LR	El pajarero y sus secuestradores	Colombia	Historia de vida	Reconciliación, acuerdo de paz en Colombia
13	DENSH	Preguntan por ti	España	Historia de vida	Secreto familiar entre madre e hija: amores prohibidos de una mujer casada
14	DENSH	Jadiya	Sáhara Occidental	Historia de vida	Vida de una mujer saharaui en los campos de refugiados
15	DENSH	Una placa en mi pueblo	España	Hecho histórico	Lucha feminista: derechos sexuales y reproductivos, derecho al aborto
16	DENSH	El hijo del alemán	España	Historia de vida	Padre e hijo: vidas cruzadas y opuestas entre el nacismo y la lucha antifranquista
17	DENSH	Seis barrotes	España	Historia de vida	Día a día de las mujeres en prisión
18	DENSH	Un agujero en el silencio	España	Hecho histórico	Memoria histórica, exhumación de fosas comunes del franquismo

Estructura narrativa

La figura del *host* o presentador está presente en los tres pódcast analizados, aunque en RA aparece como un elemento estructural en los seis episodios, mientras que en LR y DENSH esta figura es un recurso narrativo utilizado en determinadas circunstancias. La voz cercana y personal de Daniel Alarcón es el elemento sonoro reconocible que inicia cada documental de RA, introduce los aspectos más relevantes de la trama y del personaje principal, y da paso a la voz narradora del relato. Una vez concluida la historia, la voz de Alarcón regresa para despedir el episodio, nombrar los títulos de crédito y agradecer la escucha a la audiencia. En RA cada episodio es narrado por un productor diferente que aporta su propio estilo y punto de vista (siempre bajo la supervisión editorial de RA). Es importante destacar la colaboración de Isabel Cadenas, creadora y responsable de DENSH, como productora de una historia de RA.

En el caso de LR y DENSH el uso del *host* se produce en dos situaciones: cuando la voz narradora pasa a manos de uno de los personajes principales del relato (narrador autodiegético o protagonista), como en *Las pastillas* y *Mi danza psicodélica* de LR, y en *Jadiya* de DENSH, o cuando el documental es reportado por un productor independiente, como en *59 balas* de LR. En el resto de los episodios de LR y DESNH son las voces, también próximas y personales, de las creadoras Catalina May (LR) e Isabel Cadenas Cañón (DENSH) las que introducen la trama y los protagonistas, narran la historia y despiden el relato.

Gráfico 4.2. Figura del *host* en número de episodios por pódcast

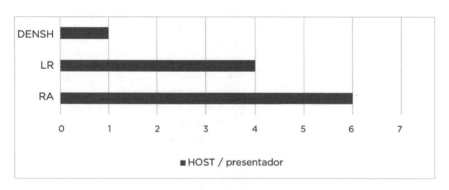

En relación con la voz narradora, los resultados revelan que la tipología más empleada es la de narrador heterodiegético o testigo indirecto, presente en 14 de los 18 episodios (78 %). Por su parte, la tipología de narrador autodiegético o protagonista es la que se emplea en los otros cuatro episodios (22 %): en *Las pastillas* y *Mi danza psicodélica* de LR, en *Jadiya* de DENSH, y en *Las casetes del exilio* de RA.

Gráfico 4.3. Voz narradora en número de episodios por pódcast

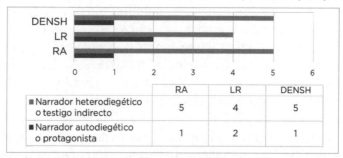

	RA	LR	DENSH
■ Narrador heterodiegético o testigo indirecto	5	4	5
■ Narrador autodiegético o protagonista	1	2	1

Por otro lado, los resultados muestran una amplia variedad en el número total de personajes que aparecen en las historias, con un promedio de 7.8 personajes por documental. Este valor es independiente de la duración del episodio y todo indica que tiene que ver más con la complejidad de la historia real que se narra. Si analizamos por pódcast, observamos que las historias de RA tienen un número significativamente mayor de personajes (62) comparado con las de LR y DENSH que tienen valores idénticos (39).

Gráfico 4.4. Número total, de personajes, protagonistas y antagonistas por episodio

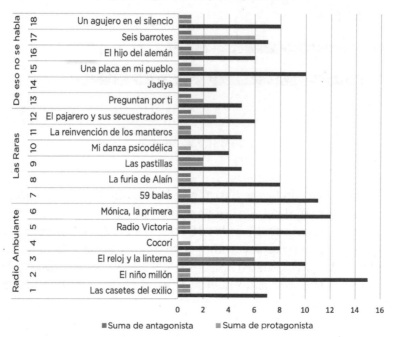

En cuanto a la tipología de los personajes, en 11 de los 18 de los episodios (61 %) aparece un solo personaje protagonista sobre el que se focaliza y organiza el relato, siendo esta estructura la predominante en todos los pódcast. En lo relativo a los antagonistas, esta figura está presente en la mayoría de las historias de un modo implícito, como fuerza, sistema o grupo de oposición a los protagonistas. Por lo que respecta a los personajes secundarios, la figura más representada en las historias analizadas es el catalizador, con un total de 37 personajes distribuidos en 15 episodios. La distribución de estos datos por pódcast muestra que DENSH es el que más personajes protagonistas utiliza en el total de sus historias (14), por delante de RA (11) y LR (9). Sin embargo, RA acumula un mayor número de personajes secundarios y terciarios en sus relatos lo que supone una diferencia notable respecto de LR y DENSH.

Gráfico 4.5. Número de personajes según su tipología por pódcast

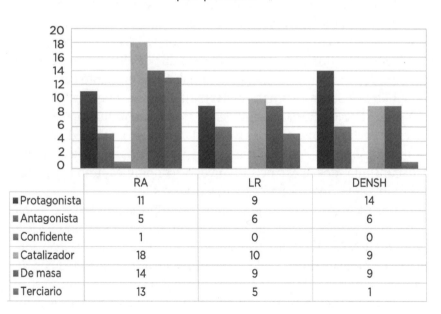

	RA	LR	DENSH
■ Protagonista	11	9	14
■ Antagonista	5	6	6
■ Confidente	1	0	0
▨ Catalizador	18	10	9
■ De masa	14	9	9
■ Terciario	13	5	1

Gráfico 4.6. Tipo de estructura del relato según número de episodios por pódcast

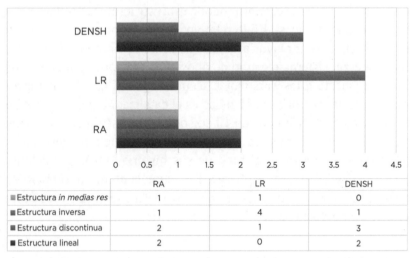

	RA	LR	DENSH
■ Estructura *in medias res*	1	1	0
■ Estructura inversa	1	4	1
■ Estructura discontinua	2	1	3
■ Estructura lineal	2	0	2

La forma en que se presentan las historias en los documentales sonoros es variada, aunque del análisis se desprende que la estructura discontinua y la estructura inversa son las más empleadas a nivel general, con seis episodios para cada una de ellas. La mayoría de los relatos de LR comienzan por el final, o por un punto cercano al final de la historia (estructura inversa), mientras que en el caso de DENSH la estructura más empleada es la discontinua, presente en tres episodios. Por su parte, RA es el que más variedad de estructuras presenta en sus historias. Dos episodios siguen la estructura discontinua, dos la estructura lineal o cronológica, uno la estructura inversa y uno la estructura *in medias res*.

Los recursos de la ficción sonora están presentes en seis de los episodios (33 %), cuatro de los cuales pertenecen a RA, uno a LR y otro a DENSH. La dramatización más común es la lectura de titulares de prensa relativos a la historia, mientras que la recreación se emplea para reproducir momentos, escenas o situaciones muy específicas dentro del relato que ocurrieron en la realidad, pero de las que no se conservan registros sonoros originales.

Tabla 4.4. Recursos de la ficción sonora por episodios

N.º	Pódcast	Episodio	País	Dramatización	Recreación
2	RA	El niño millón	Panamá	Lectura del sobre que anuncia la identidad del niño millón Lectura de titulares de prensa	Llegada al pueblo Anuncio del concurso del niño millón (1957)
3	RA	El reloj y la linterna	Argentina		Llegada de los bomberos al lugar de los hechos Promesa de regreso de los bomberos a las víctimas
4	RA	Cocorí	Costa Rica	Lectura de titulares de prensa Lectura de textos cruzados entre los personajes de Joaquín y Lorena	
6	RA	Mónica, la primera	Ecuador	Lectura de titulares de prensa	
10	LR	Mi danza psicodélica	Venezuela		Jéssica, la terapeuta, pregunta al protagonista «cómo está» antes de terminar la sesión
15	DENSH	Una placa en mi pueblo	España	Lectura de la sentencia del juicio a las 11 de Basauri	

Estética sonora

En la mayoría de los casos la voz de los testimonios se registra de forma presencial en el entorno del personaje. Asimismo, la voz del productor también se graba durante la realización de la entrevista, manteniendo en la edición final del documental alguna pregunta, reacción, comentario o una breve conversación con el personaje. Las grabaciones a distancia o por medios telemáticos se combinan con las presenciales en los episodios de RA y DENSH si las circunstancias lo requieren. Al mismo tiempo, los datos muestran que LR graba sobre el terreno la voz y los ambientes de los testimonios en todas sus historias.

Gráfico 4.7. Voz de los testimonios por episodio

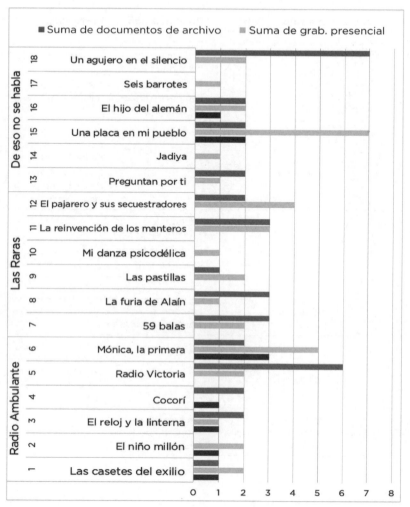

Por otra parte, los documentos de archivo sonoros complementan la historia narrada y se emplean en el 78 % de los episodios. Los tipos de archivos empleados son cortes de voz de medios de comunicación, grabaciones caseras de los protagonistas o de otros personajes, intervenciones en actos públicos, etc.

Asimismo, los efectos de sonido son ampliamente utilizados para terminar de construir la estética sonora del relato. El número total de efectos es muy similar, con una media general de

6.9 efectos de sonido por episodio. En relación a las funciones de los efectos, los resultados revelan que es la función ambiental o descriptiva la más predominante, seguida de la función expresiva y de la función narrativa.

Gráfico 4.8. Número de efectos de sonido y función por episodios

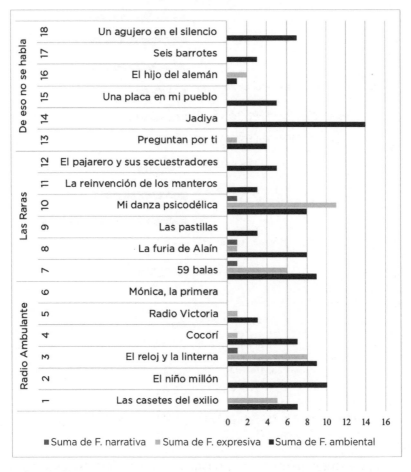

Otro resultado relevante tiene que ver con la música. El 94 % de los episodios emplea música original. Únicamente en *El hijo del alemán* de DENSH se utiliza música adaptada debido a que el personaje principal es músico y la historia gira entorno a su pasado como cantautor.

Gráfico 4.9. Paisajes sonoros por episodios

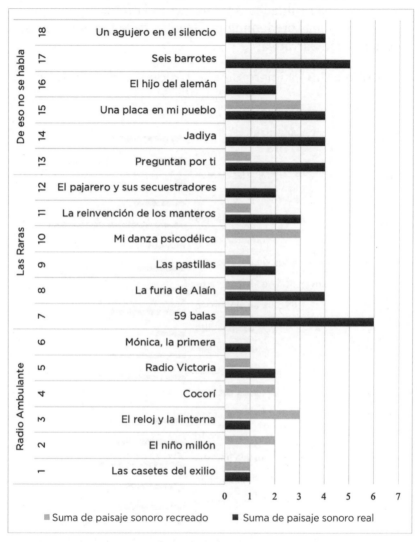

De eso no se habla	18	Un agujero en el silencio	
	17	Seis barrotes	
	16	El hijo del alemán	
	15	Una placa en mi pueblo	
	14	Jadiya	
	13	Preguntan por ti	
Las Raras	12	El pajarero y sus secuestradores	
	11	La reinvención de los manteros	
	10	Mi danza psicodélica	
	9	Las pastillas	
	8	La furia de Alaín	
	7	59 balas	
Radio Ambulante	6	Mónica, la primera	
	5	Radio Victoria	
	4	Cocorí	
	3	El reloj y la linterna	
	2	El niño millón	
	1	Las casetes del exilio	

■ Suma de paisaje sonoro recreado   ■ Suma de paisaje sonoro real

En el estudio hemos cuantificado el número de paisajes sonoros diferentes que aparecen en cada historia. Cada paisaje corresponde a un conjunto de sonidos (naturales o artificiales) de mayor o menor duración o complejidad que conforman el espacio y el tiempo en el que trascurre la acción. Los paisajes reales se identifican cuando la voz narradora menciona explícitamente que se encuentra en el lugar del personaje y lo que se escucha es el ambiente real, o cuando de manera implícita se escucha al narrador interactuar en el mismo espacio/tiempo que los personajes. Según esta metodología, observamos que en el 89 % de los episodios aparecen paisajes sonoros reales o en vivo, con una media de 2.5 por episodio, mientras que los paisajes recreados o pregrabados son utilizados en el 67 % de las historias, con una media de 1.1 por episodio.

Perspectiva autoral

Gráfico 4.10. Vinculación con la historia

Total de la muestra: 18

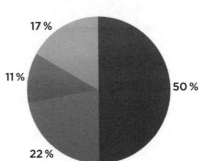

- Sin vinculación
- Experiencia autobiográfica
- Relación con el entorno
- Relación con los personajes

En términos globales, en la mitad de los episodios existe algún tipo de vinculación entre el autor y la historia. En cuatro relatos (22 %) hay una relación con el entorno; como en *59 balas* (LR), donde el productor y narrador de la historia, Dennis Maxwell, afirma al comienzo del episodio haber escuchado las balas disparadas por la policía que mataron al protagonista del documental. En tres episodios (17 %) hay una relación entre el autor y los personajes; como en *Un agujero en el silencio* (DENSH), donde Isabel Cadenas reconoce ser amiga íntima del protagonista, Emilio Silva. Por último, en dos historias (11 %), la vinculación se debe a una experiencia autobiográfica vivida por el autor; como en *Las casetes del exilio* (RA) en la que también Dennis Maxwell (productor en LR) narra en primera persona la historia del exilio de su familia.

Desglosados estos datos por pódcast, RA y DENSH tienen cuatro historias con algún tipo de vinculación con los autores, mientras que en el caso de LR cinco de sus documentales no tienen vinculación y solo uno mantiene una relación con el entorno.

Gráfico 4.11. Vinculación con la historia según el número de episodios por pódcast

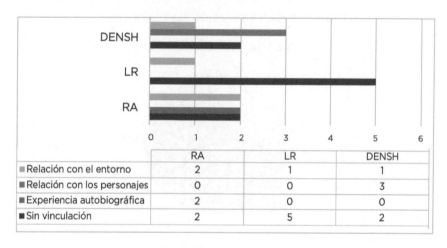

	RA	LR	DENSH
■ Relación con el entorno	2	1	1
■ Relación con los personajes	0	0	3
■ Experiencia autobiográfica	2	0	0
■ Sin vinculación	2	5	2

Los datos recogidos sobre la actitud explícita que mantiene el autor ante los hechos que narra, muestran una elevada implicación y participación del periodista en la historia, confirmando la tendencia en el *podcasting* del periodismo narrativo personal (Lindgren, 2016). Así, en el 94 % de los documentales sonoros analizados, el autor mantiene una actitud interpretativa, situando los hechos en contexto y proyectando su punto de vista sobre el relato o los personajes; en el 56 % se evidencia una actitud participativa o emotiva, donde el autor expresa sus propios sentimientos, pensamientos o emociones; y en el 50 % de las historias, se combinan ambas actitudes, la interpretativa y la participativa. La actitud neutral del periodismo clásico no ha sido identificada en ningún episodio de la muestra.

Tabla 4.5. Perspectiva autoral por episodios

N.º	Pódcast	Episodio	País	Vinculación con la historia	Actitud del autor
1	RA	Las casetes del exilio	Chile	Experiencia autobiográfica	Interpretativa Participativa
2	RA	El niño millón	Panamá	Sin vinculación	Interpretativa
3	RA	El reloj y la linterna	Argentina	Sin vinculación	Interpretativa
4	RA	Cocorí	Costa Rica	Experiencia autobiográfica	Interpretativa Participativa
5	RA	Radio Victoria	El Salvador	Relación con el entorno	Interpretativa
6	RA	Mónica, la primera	Ecuador	Relación con el entorno	Interpretativa
7	LR	59 balas	Estados Unidos	Relación con el entorno	Interpretativa Participativa
8	LR	La furia de Alaín	México	Sin vinculación	Interpretativa
9	LR	Las pastillas	Chile	Sin vinculación	Participativa
10	LR	Mi danza psicodélica	Venezuela	Sin vinculación	Interpretativa
11	LR	La reinvención de los manteros	España	Sin vinculación	Interpretativa Participativa
12	LR	El pajarero y sus secuestradores	Colombia	Sin vinculación	Interpretativa
13	DENSH	Preguntan por ti	España	Relación con los personajes	Interpretativa Participativa
14	DENSH	Jadiya	Sáhara Occidental	Relación con los personajes	Interpretativa
15	DENSH	Una placa en mi pueblo	España	Relación con el entorno	Interpretativa Participativa
16	DENSH	El hijo del alemán	España	Sin vinculación	Interpretativa Participativa
17	DENSH	Seis barrotes	España	Sin vinculación	Interpretativa Participativa
18	DENSH	Un agujero en el silencio	España	Relación con los personajes	Interpretativa Participativa

Estrategia transmedia

En el estudio de esta variable observamos tres contenidos que son utilizados sistemáticamente en todos los pódcast y que manifiestan una clara tendencia en el género: por un lado, los tres diseñan una carátula original y específica para cada uno de sus episodios, en forma de ilustración o *collage*, como extensión textual; también incluyen los créditos de autoría, tanto en el sitio web como en el documental sonoro, como información metatextual sobre los autores; y, por último, como información metatextual instrumental, se tiene acceso a la transcripción de cada documental (incluso los episodios de RA están traducidos al inglés).

Por otro lado, en el análisis del sitio web de cada episodio, se advierte que DENSH asume una estrategia transmedia al situar el documental sonoro como una macrohistoria a partir de la cual se va añadiendo material complementario como fotografías, documentos de texto, canciones o productos audiovisuales que colaboran en la expansión el relato.

Carátulas de *Radio Ambulante*. De izquierda a derecha y de arriba abajo: *Las casetes del exilio, El niño millón, El reloj y la linterna, Cocorí, Radio Victoria* y *Mónica, la primera.* Fuente: www.radioambulante.org

7. Conclusiones

El documental sonoro en el contexto hispanohablante había suscitado un escaso interés tanto para las empresas de radiodifusión como para el entorno académico antes del nacimiento y posterior profesionalización del *podcasting*. A partir de ese momento, el éxito de masas global que consigue el pódcast *Serial* en 2014 provoca un punto de inflexión en el género que se traduce en un interés creciente por el documental sonoro en español tanto en la industria como en la academia. Influenciado por el periodismo narrativo personal que Ira Glass había desarrollado en *This American Life* durante casi una década, *Serial* establece las bases del pódcast narrativo de no ficción y provoca una eclosión del género en el panorama hispanohablante. Siguiendo la estela de estos dos referentes, en España y Latinoamérica aparecen iniciativas que favorecen la producción, el estudio y la divulgación del pódcast narrativo, mejorando la calidad y diversidad de las creaciones y aumentando el interés de la audiencia. De estructura seriada o unitaria, fruto de un trabajo de investigación periodística o de una historia de vida; el pódcast narrativo adquiere formas diversas para tratar una realidad compleja, llena de matices, siempre con la narración personal y el tratamiento estético del sonido como elementos diferenciales. Por tanto, el documental sonoro en español se desarrolla ampliamente en el pódcast narrativo a través de nuevas formas de contar historias reales en audio, más personales y con un mayor cuidado por el diseño y la estética sonora.

En este estudio hemos podido observar que existe una visión global de los creadores en la producción de los documentales sonoros en español: las 18 historias analizadas tienen lugar en 12 países diferentes de la región hispanohablante. Esta tendencia, más evidente en los pódcast latinoamericanos, también se vislumbra en DENSH con una historia sobre el Sáhara Occidental que se desarrolla en los campos de refugiados de Argelia, y en la participación de su creadora, Isabel Cadenas, como productora y voz narradora de un episodio de RA en El Salvador (*Radio Victoria*). Esta conexión entre productores y pódcast independientes se repite con Dennis Maxwell, productor en *Las casetes del exilio* de RA y en *59 balas* de LR. Esta visión global también abarca la temática de los relatos analizados: racismo, lucha feminista, la inmigración, el exilio, la memoria histórica, etc. son temas universales que, en su mayoría, parten de historias de vida y que tienen un carácter social muy marcado.

La actitud del autor ante la historia es un rasgo diferencial en el documental sonoro. Lejos de mantener la distancia y colocarse en una posición neutral ante la narración, el autor toma partido, interpreta los acontecimientos, expone su punto de vista y, en la mayoría de las ocasiones, expresa sus emociones, pensamientos o sensaciones ante la historia o los personajes. Además, es habitual la existencia de algún tipo de vinculación entre el autor y la historia. Estas dos circunstancias nos llevan a confirmar al documental sonoro como un género de autor alejado de las estructuras periodísticas de la noticia o el reportaje.

A la vista de los datos obtenidos, la estructura narrativa de los documentales sonoros se caracteriza por la complejidad y diversidad en la línea temporal del relato; por el uso habitual de la figura del *host* o presentador para dar identidad y cercanía al pódcast; y por la utilización de un narrador heterodiegético o testigo indirecto (aunque también es común el autodiegético o protagonista) que se apoya en los testimonios de un conjunto determinado de personajes para construir la historia. El número y la tipología de estos varía según el documental y no está relacionado con la duración de los episodios o la temática del relato, lo que nos lleva a inferir que tiene más que ver con la complejidad de la trama. Como también hemos comprobado en el análisis, el documental sonoro es capaz de emplear de forma puntual recursos de la ficción sonora como elementos narrativos que impulsan la historia sin restarle verosimilitud.

La estética sonora del documental se asienta en un cuidadoso tratamiento en el registro, montaje y mezcla de todos los elementos sonoros con fines artísticos y narrativos: voz, música, efectos y ambientes o paisajes sonoros. El productor de los pódcast sale del estudio y se sumerge en el entorno del personaje para registrar la voz de los testimonios y la suya propia (interactuando y participando en la entrevista), así como todos los sonidos que rodean al personaje y lo contextualizan, creando los paisajes sonoros que envuelven el documental. La voz presencial en el espacio que habita el personaje y la propia historia se combina con documentos sonoros de archivo que aportan testimonios relevantes de fuentes oficiales, de medios de comunicación, de los personajes en el pasado, etc. Los efectos de sonido aparecen sutilmente en las historias; dialogan con la voz, los ambientes y la música; aportan veracidad al relato sustituyendo momentos de la realidad objetiva; y refuerzan las emociones y sentimientos de los personajes apelando a la subjetividad de la audiencia. El uso de música original es otra seña de identidad del documental sonoro en español. Su duración, composición y funcionalidad no han sido objeto de análisis en este trabajo, pero consideramos que la música original aporta un gran valor narrativo, estético y emocional al documental sonoro.

En lo relativo a la estrategia transmedia, este trabajo pone de relieve que en el documental sonoro una de las principales vías para la extensión textual del relato es la carátula. Habitualmente toma la forma de ilustraciones o de *collage* y su diseño mantiene una coherencia artística y estética en cada pódcast, siendo diferente en cada episodio. A esta representación gráfica, común en toda la muestra, se une la información metatextual de la transcripción de los episodios y de los créditos autorales. El estudio denota la falta de material complementario, en otros formatos o plataformas, que extiendan o profundicen el relato según la visión ideal de narrativa transmedia planteada por Jenkins (2003). Se advierte, por tanto, un amplio margen en el documental sonoro para el desarrollo de las historias a través de una narrativa transmedia más elaborada.

5

NARRATIVA TRANSMEDIA EN LA ECOLOGÍA DE PÓDCAST DE AUDIODRAMA: CUANDO EL AUDIO TRANSCIENDE A OTROS MEDIOS

María Cristina Guzmán Juárez
Universitat Oberta de Catalunya

El *podcasting* es un medio de comunicación del siglo XXI que se asocia a nociones como consumo a la carta, empoderamiento de la audiencia, flexibilidad, innovación disruptiva, medio de comunicación democrático y audiencia de nicho o hiperespecialización temática, entre otros (Berry, 2006; Geoghegan *et al.*, 2012; Izuzquiza, 2019; Llinares *et al.*, 2018; Rayson, 2020; Spinelli y Dann, 2019). Bonini define al *podcasting* como «todo un ecosistema mediático híbrido formado por redes de actores que compiten entre sí y conformado por relaciones de poder asimétricas entre las empresas de transmisión y medios de comunicación tradicionales, las empresas tecnológicas emergentes y los productores independientes» (2022:27).

Las lógicas de este medio de comunicación han dado como resultado diferentes productos culturales que, como ha sido analizado por diferentes académicos, cuentan con características similares a la radio (Berry, 2006, 2016; Blanco, 2008; Bonini, 2015; Crofts *et al.*, 2005) y, al mismo tiempo, se han instituido como productos únicos del *podcasting* (BBC Sounds, 2018; Spinelli y Dann, 2019). Entre estos productos culturales podemos encontrar los audiodramas, los cuales, a pesar de que sus antecedentes se encuentran ligados con el teatro y la radio, se han expandido a otros medios de comunicación mediante lógicas de narrativas transmedia.

1. Audiodrama

En su artículo *Podcasting, Welcome to Night Vale, and the Revival of Radio Drama*, Bottomley define al radiodrama o radionovela, como también es conocido, como «una narración serial guionizada y dramatizada que se escribe, interpreta y produce para ser escuchada» (2015:183), este autor complementa la definición con la idea de que dichos productos culturales no necesitan tener una seriación, sin embargo, es el modelo más utilizado por los creadores.

Una característica principal de los audiodramas es la relación íntima que se forma con la audiencia, mediante la generación de espectáculos imaginativos de los sucesos presentados en la radionovela, característica que ha sido analizada por diferentes autores como Crook (1999) con la visión de T. S. Eliot mediante el concepto de «imaginación auditiva» o Verma (2012) con la noción de «teatro de la mente», entre otros.

Los radiodramas tienen sus orígenes en la radio con adaptaciones de obras de teatro que, a lo largo de los años y gracias a diferentes trabajos de experimentación auditiva, evolucionaron a obras creadas exclusivamente para la radio y, actualmente, para *podcasting* (Crisell, 2000; Crook, 1999, 2020; Hand y Traynor, 2011; Verma, 2012, 2017a, 2017b). En los años más recientes de este proceso evolutivo surgió el concepto de audiodrama, el cual, para Tim Crook (1999), no existe una clara distinción con radiodrama y, por ello, se considera que ambos términos hacen referencia a los mismos productos culturales; sin embargo, Guarinos (2009) establece que la diferencia entre estos productos cultuales reside en el medio de comunicación de transmisión, por lo que los radio dramas solo podrán ser transmitidos en la radio y, en cambio, los audiodramas pueden expandirse a otros medios de comunicación, especialmente digitales.

Para esta investigación se utilizará el término de audiodrama dentro del ambiente de *podcasting*.

Audiodrama como género de *podcasting*

Dentro del *podcasting* se encuentran productos culturales que son clasificados en diferentes géneros comerciales, los más conocidos son documental, entrevista, *talk-show*, educativo, noticias o política, periodismo de investigación, diario personal, religioso, ciencia, deportes, tecnología, comedia, *true crime*, cine y televisión, consejos o autoayuda, concursos y ficción, entre otros. Siendo en este último género, la ficción, donde se puede encontrar a los audiodramas.

En el lenguaje especializado y coloquial del *podcasting*, al hablar de un pódcast de ficción, se sobreentiende que se trata de un producto cultural de audiodrama, sin embargo, la proporción de audiodramas en este género es relativamente baja. Se llegó a esta conclusión gracias al análisis de 1500 registros de pódcast catalogados dentro del género de ficción, información que se recolectó durante el período del 29 de mayo al 20 de junio del 2021. La información se obtuvo mediante la plataforma API de la red social Podchaser. Los hallazgos principales de este análisis muestran que solo el 23.5 % de los registros de la muestra son audiodramas creados exclusivamente para *podcasting*. Por otra parte, el 10.1 % corresponde productos dramatizados de juegos de *Dragones y Mazmorras*; el 16.9 % a antologías, es decir, a la lectura de cuentos, poemas o narraciones con pocos o nulos elementos de edición, interpretación y dramatización de los productos culturales originales; el 1.9 % de los registros analizados son radiodramas, es decir, productos culturales creados y transmitidos en la radio durante diferentes décadas del siglo XX y el 47.5 % restante corresponden a productos culturales ajenos a los audiodramas, como son, pódcast especializados en la discusión, análisis y transmisión de las noticias más importantes de programas de televisión, libros, cómics, videojuegos, *fanfictions* y consejos para escritores, entre otros. Esta información se puede observar en el siguiente gráfico:

Gráfico 5.1. Pódcast categorizados dentro del género de ficción

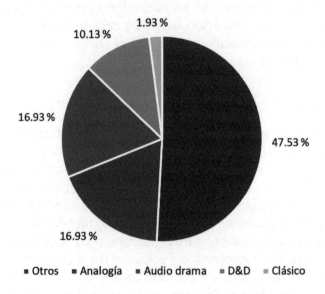

Al analizar los registros de los pódcast clasificados exclusivamente en el subgénero de audiodrama, se observa una clara moda en los subgéneros de ciencia ficción, horror y fantasía, mientras que los subgéneros con una menor frecuencia son comedia romántica, *soap opera* y aventura. Este análisis descriptivo da indicios de una posible definición del género de ficción dentro de los creadores de pódcast, así como la necesidad de prácticas de estandarización dentro del proceso de clasificación de los pódcast.

Actores sociales dentro de la comunidad de audiodrama

Al hablar de una comunidad de audiodrama en *Podcasting* es importante entender cómo está compuesta, al respecto, Richard Berry establece que la ecología de pódcast puede ser entendida como:

Un espacio poroso en el que los medios de comunicación tradicionales y los recién llegados comparten una plataforma, en la que los *produsuarios* pueden explotar su experiencia y su capital cultural adoptando modelos comerciales o pasando a otras formas de medios de comunicación, como los libros o los medios de radiodifusión (2018, capítulo 2)

En ese sentido, la comunidad de creadores de audiodramas se encuentra conformada por cinco actores principales: *networks*, estudios, colectivos, creadores independientes y plataformas especializadas en audiodramas. Estas entidades se encuentran constituidas por individuos con diferentes bagajes socioeconómicos, culturales y demográficos, quienes pueden catalogarse también, por su nivel de conocimiento y remuneración económica, como profesionales y *amateurs*.

A partir del análisis de 28 entrevistas a creadores de audiodramas se determinaron las siguientes definiciones:

- **Networks.** Son empresas especializadas en la venta de anuncios comerciales a los pódcast bajo una sola marca, los cuales cuentan con una jerarquía vertical que afecta diferentes elementos como recursos financieros, materiales, humanos y publicitarios, entre otros.
- **Estudios.** Se dedican exclusivamente a la producción o distribución bajo una sola marca, teniendo lineamientos editoriales definidos a los cuales se tienen que atener los diferentes creadores que participan en dicha organización; teniendo esta los derechos de propiedad intelectual. Es importante mencionar un elemento al que los entrevistados hicieron referencia: los *networks*, así como los estudios, cuentan con un respaldo financiero importante para cubrir los diferentes gastos relacionados con la creación de un audiodrama.
- **Colectivo.** Es una entidad informal que, a diferencia de las entidades antes mencionadas, cuenta con un orden horizontal, asimismo es un espacio donde diferentes creadores comparten recursos financieros, materiales y de conocimiento.
- **Creadores independientes.** Son personas que generan sus producciones de forma autónoma, con recursos financieros, materiales y humanos limitados; los cuales pueden generar sus audiodramas como un *hobby* o en la búsqueda de una carrera de tiempo completo.

- **Plataformas especializadas audiodramas.** Por ejemplo, Apollo, son programas para la transmisión en línea o descarga de audiodramas, cuyas interfaces y configuraciones están enfocadas en facilitar el proceso de curación de *playlist* de los productos culturales sin anuncios visuales. La directora en comunicación de la aplicación de Apollo, Wil Williams, menciona que las aplicaciones especializadas en audiodramas están pensadas realmente en las necesidades de los creadores y de la audiencia de este subgénero, a diferencia de plataformas generales de *podcasting*, cuyo objetivo principal es monetario y, los cuales, muchas veces desconocen elementos importantes del proceso de creación y de curación (W. Williams, comunicación personal, 9 de junio de 2022). Además de estas plataformas especializadas, también se tienen que considerar las diferentes plataformas de edición de audio y hosting, las cuales son elementos de producción no exclusivos de audiodramas.

A pesar de estas definiciones obtenidas de las entrevistas, no existen definiciones claras o representaciones sociales de cada una de estas entidades. Al respecto, Eric Silver, director creativo del colectivo Multitude, establece que es difícil contar con ellas, ya que muchas empresas se dedican a todo, un ejemplo claro es Spotify; quienes, por las diferentes empresas que han adquirido a lo largo de los años, pueden ofrecer servicios de alejamiento, producción de pódcast gracias a sus estudios, distribución mediante su plataforma y aplicación, venta de anuncios dinámicos y análisis de métricas, entre otros servicios (E. Silver, comunicación personal, 18 de mayo de 2022). En ese sentido, es posible observar una clara tendencia en el mercado de las plataformas de *podcasting* a ofrecer la mayor cantidad de servicios posibles en un solo espacio digital.

2. Estrategias narrativas transmedia en audiodrama

Para esta investigación se consideran las narrativas transmedia como:

> «Particular forma narrativa que se expande a través de diferentes sistemas de significación (verbal, icónico, audiovisual,

interactivo, etc.) y medios (cine, cómic, televisión, videojuegos, teatro, etc.). [...] De esta manera el relato se expande, aparecen nuevos personajes o situaciones que traspasan las fronteras del universo de ficción» (Scolari, 2013, p. 18).

Bajo esta visión, podemos observar dos perspectivas importantes en las narrativas transmedia que involucran a los audiodramas. En primer lugar, como producto secundario de una narrativa, por ejemplo, el programa de televisión *Strange Things* de Netflix que cuenta con el audiodrama *Rebel Robin: Surviving Hawkins*, el cual se publicó durante el período de junio a agosto del 2021 y es un complemento de la novela *Strange Things: Rebel Robin* de A.R Capetta. En ese sentido, los productos culturales secundarios que conforman la narrativa de esta serie de televisión son: audiodramas, libros, videojuegos y cómics, principalmente.

En cambio, la segunda perspectiva coloca a los audiodramas como el producto cultural principal, el cual se expande a otros medios de comunicación, actualmente, los más comunes son: libros, presentaciones en vivo, webseries en la plataforma de YouTube y juegos de realidad alterna. Ambos modelos se pueden observar en el gráfico 5.2.

En ese sentido, los diferentes elementos transmedia en productos culturales de audio son definidos por García-Marín bajo el concepto de transpódcast, el cual hace referencia a «aquellos proyectos mediáticos que, teniendo el *podcasting* como medio seminal, extienden y dispersan su narrativa y amplían su entorno comunicativo a otros medios, plataformas y lenguajes mediáticos, más allá del formato sonoro, presentando una clara textura transmedia» (2020:143). La teoría de transpódcast se basa en seis modelos teóricos que pueden ser en medios o plataformas *online* y *offline*:

- Multiformato
- Multitemático
- Lenguaje audiovisual
- Multiplataforma
- Pódcast derivado
- Extensiones bilingües

Estos modelos se sustentan en redes de actores y proyectos que contribuyen a narrativas complejas que cruzan diferentes medios, ofreciendo así experiencias variadas y enriquecedoras.

Gráfico 5.2. Audiodramas como producto cultural principal y secundario de una narrativa transmedia

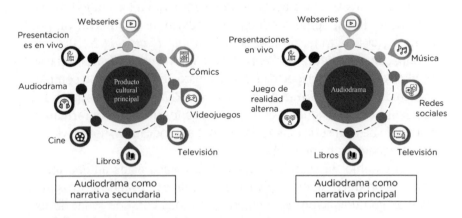

Cada uno de los modelos presentados en el gráfico muestran las diferentes estrategias que están tomando los creadores en la búsqueda de expandir y acercar la historia a su audiencia. Sin embargo, en la comunidad de audiodrama estas prácticas son relativamente recientes; cronológicamente hablando, primero el audiodrama se expandió a las presentaciones en vivo, después a los libros, luego a los programas de televisión y, por último, a los juegos de realidad alternativa y webseries. A continuación, se detallará el caso de ocho audiodramas bajo el modelo teórico de transpódcast, los cuales utilizan las diferentes estrategias mostradas en el gráfico.

The Bright Sessions

The Bright sessions es un audiodrama que contó con siete temporadas, todas publicadas desde el 2015 y hasta el 2021. Este pódcast narra la historia de los pacientes de la terapeuta doctora Bright, quienes cuentan con habilidades sobrenaturales únicas.

El pódcast utilizó diferentes estrategias transmedia, las cuales, para Lauren Shippen, creadora del pódcast, fueron pocas de ellas planeadas desde el inicio. Por su grado de interactividad con la audiencia, estas estrategias se pueden clasificar en dos categorías: en la primera se tiene la información estática, dentro de la cual se encuentra contenido extra y una trilogía de libros publicada en la editorial Tor, mientras que en la segunda se cuenta con aquellas estrategias donde las audiencias interactuaban con ella como creadora, o con los personajes.

El contenido extra se compone de mensajes de texto entre los personajes, documentos confidenciales, apuntes de sesiones y *playlist* de música, los cuales son mencionados en diferentes momentos del audiodrama; a este contenido se puede acceder en la página principal del pódcast. En lo que respecta al libro, en una comunicación personal, Shippen mencionó que un agente literario se acercó interesado en trabajar con ella siguiendo la historia del pódcast. Para Shippen esta es una forma interesante de continuar la historia porque, a pesar de que es otro medio, el tono y las cualidades narrativas se mantienen, permitiendo a la audiencia seguir inmersa en el universo narrativo (L. Shippen, comunicación personal, 16 de junio de 2022).

Respecto a la categoría de interactividad, durante la publicación de la séptima temporada, Shippen decidió crear diferentes redes sociales para sus personajes, dándose la libertad de publicar los episodios en cualquier momento del día, acompañándolos de mensajes y conversaciones en redes sociales oficiales de los personajes, esto con el objetivo de que la audiencia viviera la historia en tiempo real, junto con los personajes.

En conformidad con el esquema teórico de transpódcast de García-Marín, *The Bright Sessions* sigue un modelo multiplataforma, al ser una narrativa transmedia donde convergen contenidos de audio, vídeo, texto e imagen, en plataformas *online* y *offline*.

Limetown

Limetown es un pódcast que estuvo activo desde 2015 hasta el 2018, está compuesto por dos temporadas y narra la investigación de Lia Haddock sobre lo que ocurrió en el pueblo de Limetown. Este producto cultural utiliza una estructura narrativa periodística.

El pódcast, producido por la empresa Two-Up, cuenta con dos estrategias transmedia: lo primero fue la publicación del libro

Limetown, el cual es considerado como una precuela de los diferentes eventos establecidos en el audiodrama; mientras que la segunda estrategia corresponde a una serie de televisión transmitida originalmente en Facebook Watch, la cual, a pesar de mantener la misma trama, mostraba información y sucesos diferentes a lo establecido en el pódcast. Como se puede observar, siguiendo la teoría de transpódcast, este audiodrama se encuentra catalogado dentro del modelo de multiplataforma, al expandir la historia en un medio literario y televisivo en plataformas offline y online.

Welcome to Night Vale

Welcome to Night Vale es un audiodrama que inició en el 2012 y continúa siendo publicado, de forma quincenal, en la actualidad. El pódcast cuenta la historia del pueblo de Night Vale, utilizando el formato de radio comunitaria. Al ser un pódcast con más de 10 años de producción, los creadores han utilizado diferentes estrategias transmedia.

La primera estrategia corresponde a la utilización de las redes sociales para la publicación de frases cortas, las cuales son mencionadas en episodios futuros del pódcast. La publicación de estas oraciones le permite a la audiencia interactuar con los creadores dentro del universo narrativo del audiodrama. En términos cronológicos, la siguiente estrategia correspondió a presentaciones en vivo, las cuales se han dado de forma anual desde septiembre del 2013 hasta la fecha, en dichos eventos se actúan historias de episodios, así como, guiones diferentes a los exhibidos en el pódcast; debido al éxito del pódcast, desde el 2016 estas presentaciones son realizadas en giras internacionales. Es importante mencionar que tales presentaciones se grabaron con el objetivo de presentarse a la audiencia como contenido extra, al cual se puede acceder bajo un costo determinado.

La siguiente estrategia corresponde a la publicación de siete libros, entre los cuales tres son historias de los personajes secundarios que habitan Night Vale y los cuatro libros restantes corresponden a transcripciones de los diferentes episodios del pódcast. La última estrategia corresponde a la creación del pódcast *Good morning, Night Vale*, de los mismos creadores, donde se recapitula el pódcast original; los presentadores, quienes también son parte del elenco oficial de *Welcome to Night Vale*, presentan entrevistas y datos curiosos del audiodrama. Siguiendo la teoría de transpódcast, las estrategias transmedia utilizadas en estos pódcast pertenecen al modelo de multiplataforma y al de pódcast derivados que, al igual que los anteriores, son presentados en formatos *online* y *offline*.

Storm Chasers

Storm Chasers es un pódcast que actualmente cuenta con una sola temporada y terminó de publicarse a inicios del septiembre del 2022. Este pódcast cuenta las aventuras de un grupo de piratas. Para el creador, Michael Shannon, las historias de piratas desde una perspectiva de dramamedia son escasas dentro del subgénero de audiodrama. Por ello, y con el objetivo de llamar más la atención de la audiencia, Shannon creó animaciones para cada uno de los episodios que contiene el pódcast, en las cuales se muestran los retratos de los personajes al hablar. En palabras de Shannon, el componente audiovisual es importante, ya que le permite a la audiencia elegir el grado de inmersión en el que desea estar. Al escuchar el audiodrama, la audiencia puede enfocarse en diferentes actividades, en cambio, con la animación, la audiencia no solo escucha, sino que también obtiene un componente visual que le permite entender mejor la historia (M. Shannon, comunicación personal, 4 de mayo de 2022).

Considerando la teoría de transpódcast de García-Marín, la estrategia transmedia utilizada en *Storm Chasers* corresponde a lenguaje audiovisual, al ser las animaciones un acompañante visual de cada episodio.

The Storage Papers

The Storage Papers es un audiodrama que inició en 2019 y que actualmente se encuentra publicando su cuarta temporada. El pódcast cuenta la historia de diferentes documentos que fueron encontrados en una unidad de depósito que muestran sucesos paranormales. Jeremy Enfinger, creador del audiodrama, ha decidido dejar diferentes pistas sobre la historia principal de la cuarta temporada utilizando un juego de realidad alternativa. El juego iniciaba con un mensaje de que la página del pódcast había sido hackeada, en dicha página la audiencia debía encontrar una falla en la imagen y decodificar un mensaje; a partir de este mensaje seguían cinco etapas más que los llevaban a un sitio web donde se mostraban más documentos y mensajes de audio, que son relevantes en diferentes episodios de la cuarta temporada. Para Efinger, esta estrategia permitió, en primer lugar, atraer una mayor audiencia, así como generar expectativa sobre la siguiente temporada y, en segundo lugar, como un elemento para involucrar a la audiencia dentro del universo narrativo del pódcast (J. Efinger, comunicación personal, 30 de abril de 2022).

El modelo para esta estrategia es multiplataforma, con elementos *offline* y *online* en las diferentes etapas del juego.

Azafata en Atacama

El siguiente pódcast que vamos a analizar es *Azafata en Atacama*, el cual empezó a publicarse en abril del 2022. El formato del audiodrama está construido para que sea como Elige tu propia aventura donde, al finalizar cada episodio, la audiencia deberá decidir sobre qué acciones debe tomar el personaje principal ya que, dependiendo la acción, se da la instrucción de elegir episodios determinados. En términos de estrategias de narrativas transmedia establecidas por García-Marín, este pódcast sigue un modelo de extensiones bilingües, ya que el pódcast también se ofrece en inglés, siendo publicado en un *feed* diferente, pero con el mismo calendario de publicación. Es importante mencionar que la productora Studio Ochenta, cuenta con varias producciones publicadas en inglés y en español y, de acuerdo con Maru Lombardo, mánager editorial de ficciones de esta empresa, el objetivo principal es la búsqueda de la inclusión entre su audiencia (M. Lombardo, comunicación personal, 15 de junio de 2022).

The Beautiful Liar

Además de los audiodramas antes mencionados, es importante hacer una rápida mención de aquellos cuya estrategia transmedia se encuentra basada en la música, debido a que este es un componente importante dentro del pódcast. A esta clase corresponde al pódcast *The Beautiful Liar*, el cual fue creado por los integrantes del grupo musical X Abassadors como un acompañante del disco, titulado homónimamente al audiodrama. Debido a los diferentes elementos de la historia, cada canción hace referencia a los diferentes episodios del pódcast; de igual forma, la lógica de organización de las canciones del disco sigue la narrativa del audiodrama, mostrando así el fuerte enlace entre ambos productos culturales.

It makes a sound

Otro pódcast cuya estrategia tiene un fuerte componente musical es *It makes a sound*, el cual narra la historia de Deidre, quien trata de recuperar la memoria de su madre a partir de la música. Por ello, una de las estrategias transmedia utilizadas por la creadora, Jacquelyn Landgraf, es la creación de *soundtracks* con las diferentes canciones escuchadas en el pódcast. En ese sentido, los casos de *The Beautiful Liar* e *It makes a sound* se pueden clasificar dentro del modelo de multiplataforma de García-Marín.

Como se puede observar de los distintos pódcast analizados, la industria de los audiodramas cada vez se expande más a otros medios de comunicación, en algunos casos de forma no planeada y en otros con una planeación estratégica para beneficio de la audiencia y de los creadores. Asimismo, el análisis de estos casos nos permite ver que, bajo la teoría establecida por García-Marín, el modelo más utilizado corresponde a multiplataforma con plataformas *offline* y *online*. Un elemento que hay que hacer notar es que los modelos no vistos en el presente análisis corresponden a multiformato y multitemático.

3. Conocimiento de otros productos culturales de la narrativa transmedia

Un aspecto importante del análisis de narrativas transmedia es la audiencia, por eso se está llevando a cabo una encuesta para conocer las características sociodemográficas y los hábitos de la audiencia de pódcast de audiodrama. Entre las preguntas analizadas se encuentra: «Algunos pódcast de ficción han creado libros, programas de televisión, entre otros, como acompañamiento del pódcast, ¿alguna vez ha consumido alguno de ellos?», con el objetivo de determinar si conocen las diferentes estrategias narrativas transmedia de los pódcast, resultó que el 54.31 % de los encuestados mencionó que no había consumido dichos productos culturales. Cuando se le preguntó a esta sección de la población cuáles eran las razones que les había impedido consumir dichos productos el 51.40 % mencionó que no le interesaban dichos productos; el 21.50 %, que no tenía acceso al medio, ya fuera por limitaciones idiomáticas o geográficas; el 14.95 % no accedía debido al alto costo que suponía el acceso al producto; el 11.21 %, que se debe a un desconocimiento de dichos productos; y el 0.93 % respondió que no existe dicho contenido en los productos culturales que escuchan. Los resultados se pueden observar en el gráfico.

Gráfico 5.3. «¿Qué le ha impedido consumir estos productos (como programas de televisión, libros, series web) que acompañan al pódcast?»

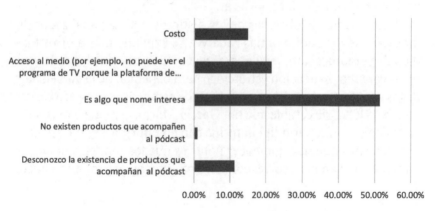

Regresando a la pregunta sobre el consumo de los pódcast, el 45.69 % de los encuestados respondió que sí tenían conocimiento, de los cuales el 43.33 % mencionó que le era indiferente el costo de acceso al producto cultural, el 23.33 % y el 31.11 % se encontraban «totalmente de acuerdo» y «de acuerdo», respectivamente, con los costos establecidos por los creadores. El 2.22 % restante no estaba de acuerdo con los costos. Mostrando así que la audiencia está interesada en la búsqueda de la expansión bajo los costos establecidos por la audiencia. Esta información se presenta de forma visual en el gráfico 5.4.

Gráfico 5.4. «¿Qué tan de acuerdo está con el costo adicional para acceder a las historias de acompañamiento del pódcast (libros, programas de televisión, series web) en relación con la expansión de la narrativa proporcionada?»

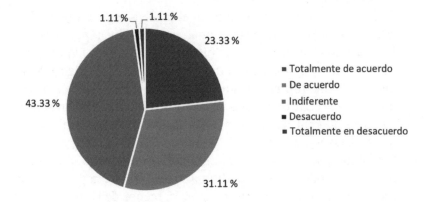

Es importante mencionar que los resultados presentados en estas gráficas son datos preliminares, ya que todavía se encuentra activa la encuesta, por lo que es posible que cambien cuando se alcance la muestra establecida para la investigación.

4. Conclusiones

La información presentada son los resultados preliminares de una tesis doctoral, cuyo objetivo es analizar las redes de colaboración entre creadores de pódcast de audiodrama.

Los resultados principales presentados en esta ponencia son:

- En primer lugar, que, a pesar del lenguaje coloquial, el género de ficción tiene una gran amplitud de productos culturales, de los cuales una pequeña proporción corresponden al audiodrama. En ese sentido, es importante continuar investigando en busca de una definición clara de lo que es la ficción y sus diferentes subgéneros. Así como la necesidad de establecer prácticas de estandarización que faciliten el proceso de catalogar e identificar los diferentes tipos de pódcast que conforman el género de ficción.

- El segundo resultado es un esbozo general de los diferentes actores sociales que podemos encontrar dentro de la comunidad de creadores de audiodrama, los cuales son: *network*, estudio, colectivo, creadores independientes y plataformas especializadas en audiodrama.

- El tercer resultado importante es el análisis de ocho audiodramas diferentes que muestran una clara tendencia por parte de los creadores de expandir sus historias a diferentes plataformas y medios de comunicación, con el objetivo de acercarlas a la audiencia de una forma más inmersiva. A partir de este análisis se muestra que cuatro modelos de la teoría transpódcast son aplicables a los diferentes tipos de narrativas transmedia de audiodrama que existen actualmente.

- Por último, los resultados preliminares de la encuesta a la audiencia de pódcast de audiodrama muestran que, a pesar de los esfuerzos realizados por los creadores, menos de la mitad de las personas encuestadas conocen los diferentes productos culturales que acompañan los audiodramas.

Estos resultados tienen importantes áreas de investigación a futuro, las cuales deben ser consideradas para entender mejor los elementos de narrativas transmedia dentro de los audiodramas, como parte del proceso de industrialización del medio y de la comunidad que lo conforma.

6

DISEÑO DE SONIDO PARA PRODUCCIONES AUDIOVISUALES E HISTORIAS SONORAS EN EL AULA. HACIA UNA DOCENCIA CREATIVA MEDIANTE EL USO DE HERRAMIENTAS INTELIGENTES

Miguel Civit

Universidad Loyola, Departamento de Comunicación y Educación

Francisco Cuadrado

Universidad Loyola, Departamento de Comunicación y Educación

El mundo del audio puede resultar muy interesante para gran parte del alumnado, para aquellos, tanto con inclinaciones creativas, como técnicas. La creación y producción musical, su sincronización con imágenes, el desarrollo de pódcast e historias sonoras, el doblaje, etc., son disciplinas que generalmente resultan interesantes pero que pueden tener una barrera de entrada muy elevada debido a su gran complejidad técnica. En ocasiones, los no iniciados pueden tardar semanas o incluso meses en empezar a manejar con la soltura necesaria los programas de edición de audio, los cuales no siempre resultan especialmente intuitivos para el alumnado. El aprendizaje mediante el uso de metodologías basadas en problemas (ABP) (Wood, 2003) genera, en nuestra experiencia, unos resultados muy superiores a los que pueden observarse mediante el uso de otros métodos docentes como las clases magistrales. Los alumnos adquieren competencias técnicas a la vez que desarrollan proyectos creativos en los que se involucran de manera personal.

A pesar de ello, muchas interacciones entre los docentes y el alumnado se centran en aspectos de corrección técnica. Estas interacciones consisten, en buena parte, en aspectos que, para el profesional del tema, son prácticamente automáticos pero que son difíciles para alumnos principiantes. Estos incluyen desde configurar distintos parámetros en *reverbs* (*pre-delay, decay*...) a cómo limpiar diálogos en mal estado, etc.; la cantidad de herramientas con las que trabajar el audio es increíblemente extensa y muchas de sus características pueden presentar diferencias significativas dependiendo del programa utilizado. Estos problemas no hacen sino acrecentarse cuando el alumno se enfrenta al reto de componer o modificar música que ha de ir en sintonía con la imagen o como acompañamiento a un pódcast o historia sonora, especialmente si carecen de un cierto bagaje en el ámbito de la composición.

El uso de herramientas basadas en inteligencia artificial para la educación en diseño de sonido (HIAEDS), empleada en distintos roles dentro del aula, puede disminuir la barrera de entrada a la materia, así como incrementar, de forma significativa, la autonomía en el aprendizaje de los estudiantes (Ge, 2018). Basándonos en la clasificación que hace Avdeeff (2019) de las herramientas para la producción de materiales sonoros (música en su caso), las herramientas inteligentes pueden no solamente usarse para la mejora técnica del producto final, sino también en muchos casos para la agilización de los procesos más técnicos y tediosos de los procesos creativos. De esta manera, además de facilitar el aprendizaje a nuestro alumnado mediante el uso de herramientas inteligentes, también podemos crear un espacio donde la creatividad y la narrativa de los proyectos se vea facilitada y potenciada gracias al uso de estas.

En el curso 2021-2022 en la asignatura de impartición en inglés Digital Sound Design (4.º de Informática de las tecnologías virtuales, Universidad Loyola, Sevilla) probamos varias herramientas basadas en inteligencia artificial (IA) centrándonos en la docencia y, fundamentalmente, en la creación de contenido sonoro. La integración de estas herramientas en la continuidad de la asignatura partió tanto de los docentes como de la propia iniciativa del alumnado. Asimismo, estamos aplicando las metodologías y herramientas que han resultado más exitosas con la nueva promoción del curso 2022-2023. Esta experiencia docente servirá de base para la discusión sobre las aplicaciones de dichas herramientas en este congreso.

1. Objetivos

Nuestro objetivo es generar una discusión sobre la aplicación de herramientas inteligentes en la docencia del diseño de sonido. Todo ello como vía para reducir la barrera de entrada inicial que plantea el diseño de sonido y crear espacio para un aprendizaje basado en la creatividad en lugar de en los detalles tecnológicos más farragosos. Debido a la reducida muestra de alumnos con la que se cuenta, nuestro objetivo futuro es generar un estudio cuantitativo, que pueda aportar una mayor cantidad de elementos analizados, a lo largo de al menos cuatro promociones de estudiantes. Es por ello por lo que el estudio actual, con una promoción completa y otra en curso, centra sus objetivos en la discusión de las posibilidades de estas herramientas para el diseño de sonido con finalidades docentes, adaptándolas a la clasificación de Luckin (2016).

La integración final de estos sistemas expertos en el aula es el objetivo final de este proyecto y por ello crearemos un modelo genérico para implementar estas distintas herramientas en el ABP basándonos en los distintos tipos de estas y la posibilidad de implementarlas en las distintas etapas del ciclo de aprendizaje experimental (Kolb, 2014).

2. Metodología

En este trabajo de investigación discutiremos algunas de las implicaciones que las herramientas basadas en inteligencia artificial tienen en la docencia del diseño de sonido y las adaptaremos a una clasificación preestablecida. Basándonos en un estudio experiencial y cualitativo de la impartición de la asignatura de Digital Sound Design, a la promoción 2021-2022 en la Universidad Loyola, analizaremos los resultados obtenidos por los alumnos que han empleado estas nuevas tecnologías y compararemos sus resultados con los de los compañeros que han realizado las mismas actividades académicas sin el uso de IA.

Debido a la necesidad de generar datos específicos con los que poder evaluar de la manera más objetiva posible el impacto real de estas herramientas utilizaremos un método cuantitativo, adaptado del estudio realizado por Corral (2019) que también centraba su atención en la enseñanza técnica a usuarios no expertos. Dichos resultados los comentaremos brevemente ya que, debido a la necesidad de una muestra más amplia para obtener resultados estadísticamente significativos, formarán parte de un estudio posterior que analice el impacto del uso de herramientas basadas en inteligencia artificial frente al uso de otras basadas en ejemplos previamente construidos a lo largo de entre cuatro y seis promociones de estudiantes.

Dicho método recoge datos cuantitativos mediante el uso de cuestionarios estandarizados para los diferentes tipos de proyectos audiovisuales realizados durante el curso. Debido a que todos los proyectos se elaboran en grupos de 3 a 5 estudiantes formados aleatoriamente, los resultados se tomarán como la media de las puntuaciones o mediciones entre los distintos estudiantes de cada grupo. De esta manera podemos organizar los datos por estudiantes, grupos y proyectos concretos (cuyas características particulares pueden afectar algunas de las variables) y dividirlos entre aquellos que han usado herramientas inteligentes y aquellos que no.

Los datos recogidos mediante los cuestionarios estandarizados son:

- Percepción subjetiva de la dificultad técnica del proyecto (del 1 al 4) (DT).

- Percepción subjetiva del interés por el proyecto (del 1 al 4) (IP).

- Percepción subjetiva del riesgo creativo asumible en el proyecto teniendo en cuenta la cantidad de tiempo total para finalizarlo (del 1 al 4) (RC).

- Percepción subjetiva de la calidad del resultado final (1 al 4) (CF).

Así mismo se miden los siguientes datos:

- Tiempo medio empleado planeando el proyecto (contando períodos de escritura de guiones, división del trabajo, etc.) por alumno (en minutos) (TP).

- Tiempo medio empleado utilizando herramientas de edición o producción de audio (inteligentes o no) por alumno (en minutos) (TE).

- Nota conseguida en el proyecto (del 1 al 10).

La obtención y procesado de estos datos nos permitirá tener una idea general de la percepción de competencia de los estudiantes, su predisposición a ser creativos y asumir riesgos, así como del resultado general obtenido en los proyectos. Todo ello permite una comparativa necesaria sobre el uso de las HIAEDS en el aula frente a la realización de las actividades sin el empleo de estas.

Para la definición formal del estudio se ha empleado la metodología propuesta en Crawford (2014). El diseño formal del estudio se resume en:

Gráfico 6.1. Diseño formal del estudio.

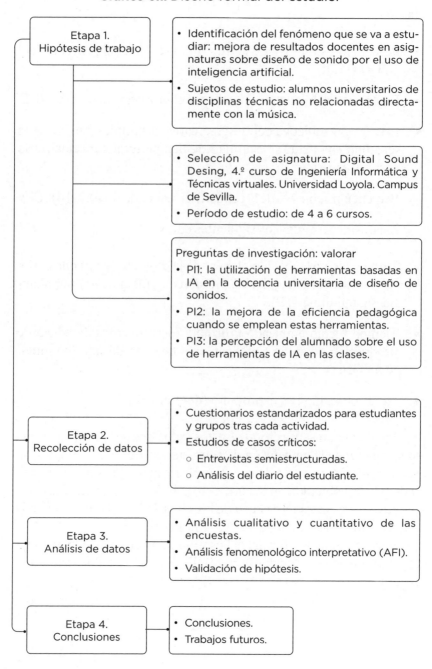

3. Clasificaciones de herramientas inteligentes para el diseño de sonido

En 2016, Rose Luckin publicó un interesante artículo sobre el futuro de la educación gracias a las herramientas basadas en inteligencia artificial (AIED). Si bien las herramientas basadas en IA para el audio constituyen un campo en el que la evolución es increíblemente rápida y con un increíble desarrollo desde 2017 (como podemos observar en Civit [2022] con herramientas para generación automática de música), es cierto que el artículo plantea una clasificación general de las posibles herramientas para la docencia que puede resultar muy útil dada la variedad de situaciones que refleja. Varios de los apartados de la clasificación se encuentran aún en un estado de desarrollo muy temprano en lo que respecta a la viabilidad de las herramientas existentes en el campo de la enseñanza de diseño de sonido, pero es por ello por lo que resulta especialmente relevante su adaptación a dicho ámbito.

A continuación, exploraremos dicha clasificación adaptándola al campo del diseño de sonido, proponiendo algunas herramientas o soluciones concretas que pueden implementarse y aclararemos qué categorías se han empleado con éxito en nuestra experiencia docente. Estas se agrupan en las siguientes 3 grandes familias:

1. Docencia personalizada.
2. Soporte inteligente para el aprendizaje colaborativo.
3. Realidad virtual inteligente.

A pesar de la relevancia genérica de la clasificación, en el campo del diseño de sonido, y hasta cierto punto en el de las artes audiovisuales, podemos perfilar de manera más específica cada una de las categorías.

Cuando nos referimos a docencia personalizada basada en IA, Luckin comenta cómo el uso de estas puede generar herramientas que se encarguen de tutorizar de manera individual a cada estudiante atendiendo a sus características y necesidades específicas, corrigiendo sus fallos concretos y ampliando materiales conforme a sus intereses y capacidades. Actualmente desconocemos que existan herramientas que aporten este nivel de detalle y de individualización en el campo del diseño de sonido con la excepción (si lo consideramos parte de este campo) de la enseñanza musical. Herramientas como los juguetes musicales de Google (Cuadrado, 2019) pueden aportar en casos concretos desafíos musicales que se adapten al usuario en términos de complejidad. Así mismo existen algunas herramientas, como señala Calderón-Garrido (2021), para la enseñanza de instrumentos musicales que pueden elegir cambiar las lecciones para intentar corregir los fallos técnicos que demuestre el intérprete. Otros campos del diseño de sonido como la mezcla o el *mastering* de audio disponen de herramientas capaces de resolver problemas reales mediante inteligencia artificial con un resultado más que aceptable. Herramientas como Ozone de la empresa iZotope (Collins, 2021), son capaces de masterizar canciones, pódcast o películas concretas. Los estudiantes pueden observar los cambios concretos que realizan estos *plugins* (herramientas de edición de audio) y aprender de ellos imitándolos para descubrir por sí mismos las razones por las que la IA ha ejecutado ciertos cambios en el audio. Este sistema supone una clara ventaja sobre el aprendizaje mediante el uso de *presets* genéricos en *plugins* de edición de audio, pues en vez de aprender copiando una serie de configuraciones que funcionan para muchos casos genéricos, los estudiantes pueden presentarle a la IA infinidad de problemas para los que obtienen configuraciones específicas de las que poder extrapolar conclusiones y normas generales. Un área pendiente de desarrollo en el caso de las AIED es el de las herramientas inteligentes explicables (Khosravi, 2022), a pesar de que las herramientas nombradas muestran los distintos parámetros que modifican para obtener un resultado final, estas no explican el porqué de las decisiones que toman, de manera que queda, en última instancia, en manos del instructor clarificar si las conclusiones a las que llega el alumnado son correctas.

La segunda rama de la clasificación corresponde a aquellos sistemas que facilitan la colaboración de los estudiantes en proyectos, actividades o aprendizaje en grupo. Esta clasificación se subdivide a su vez en:

- Formación adaptativa de grupos: basada en IA, la formación de los grupos puede adaptarse a las necesidades de los estudiantes y formar grupos que aprovechen las distintas habilidades de estos o que fomenten el aprendizaje de un recurso específico.

- Facilitación experta: al crear plataformas o entidades capaces de cambiar dinámicamente las actividades o de facilitar consejos en puntos cruciales del aprendizaje.
- Agentes virtuales inteligentes: las IA pueden formar parte de los grupos de estudiantes tomando el papel de experto (similar al uso antes mencionado de aplicaciones capaces de resolver problemas concretos) o el de otro compañero o de alguien a quien enseñar.
- Moderación inteligente: fomentando el debate y moderándolo, pudiendo intervenir para guiarlo en direcciones concretas.

Esta área de las inteligencias artificiales se encuentra muy en su infancia en el campo del diseño de sonido con algunas excepciones. En el caso de la formación adaptativa de grupos y de la moderación inteligente, pueden usarse AIED de carácter general, pero las mismas pueden no tener en cuenta las características específicas del diseño de sonido. Por otra parte, el uso de agentes virtuales externos es un proceso en desarrollo, que requiere a empresas como iZotope que desarrollen inteligencias explicables con *tooltips* que permitan a los estudiantes, no solo entender los motivos detrás de las decisiones tomadas, sino también corregir errores que estos puedan cometer durante los procesos de edición de audio (reconocimiento de clics, *peaking*, saturación, problemas de fase, descompensación de distintas bandas de frecuencia, etc.) y expliquen cómo solucionarlos. Por último, en el campo de la educación musical, existen plataformas digitales como SmartMusic de Finale (Buck, 2008) con la capacidad de integrar numerosas herramientas para el aprendizaje musical y con la capacidad intrínseca de colaboración entre distintos estudiantes y profesores. A pesar de ello, sus capacidades de autocorrección, aprendizaje automático y guía basadas en IA pueden desarrollarse en mayor profundidad Wei (2022).

Otra área donde el desarrollo es más que necesario es en la de la creación de estas plataformas colaborativas con herramientas en AIED para edición y procesado de audio. Empresas como Steinberg, desarrolladora de la DAW (por sus siglas en inglés, Digital Audio Workstation) Cubase o Apple, con su DAW Logic Pro y con más que suficiente capacidad de desarrollo de herramientas IA (Podolny, 2020) es probable que ocupen este nicho de mercado con plataformas similares a SmartMusic, pero diseñadas para la producción sonora. Algunas de estas plataformas para la colaboración en la producción sonora se crearon durante la pandemia de COVID-19 para paliar las consecuencias del aislamiento, pero su mayor foco de atención está en la baja latencia, su compensación y la conversión a formato remoto de herramientas ya disponibles, más que en herramientas de ayuda para los usuarios o diseñadas para la educación. (Hoene, 2021).

La tercera categoría, realidad virtual inteligente, puede ser muy útil para distintos tipos de aprendizaje y es sin duda un tema de gran interés con grandes figuras como Meta o Apple trabajando en ella. En nuestro campo de estudio específico sería interesante reconsiderar esta categoría hasta que existan más implementaciones prácticas. Si bien es cierto que la creación musical y los conciertos virtuales son eventos recurrentes de éxito, como puede observarse en el concierto de Travis Scott en el videojuego *Fortnite* con 12.3 millones de asistentes simultáneos (Clement, 2021), las colaboraciones para producción y diseño de sonido en ambientes virtuales son otro campo con gran potencial debido a la inmersión posible y a las herramientas disponibles. Herramientas basadas en realidad virtual (RV) o aumentada son cada vez más frecuentes en nuestro campo, como pueden ser los controladores *midi* mediante el uso de dispositivos de detección de movimiento como Leap Motion (Silva, 2013) con la capacidad de representación de objetos en 3D mediante realidad aumentada basada en IA y *feedback* háptico sonoro, o la realización de mezclas con audio espacial en Dolby Atmos mediante el uso de realidad virtual (pudiendo visualizarse con las gafas RV los focos de los distintos elementos sonoros de la mezcla).

Un grupo de herramientas basadas en IA que son de especial relevancia para el diseño de sonido y que podríamos incluir en una versión ampliada de esta categoría son las herramientas que permiten crear medios audiovisuales complementarios a nuestras creaciones sonoras. Mediante el uso de herramientas generadoras de imágenes como DALL-E o Midjourney (Garrido-Merchán, 2022) estudiantes sin formación artística y sin medios para colaborar con estudiantes o profesionales de disciplinas artísticas pueden crear desde imágenes como portadas de historias sonoras, a novelas gráficas sonorizadas, videoclips musicales o diseños gráficos para personajes animados en videojuegos. Esta habilidad les permite implicarse a nivel creativo y motivacional más profundamente con los proyectos que pueden desarrollar en clase, donde muchas veces el diseño de sonido está supeditado a algún tipo de contenido audiovisual.

Podríamos entonces volver a imaginar la clasificación de Luckin (2016) adaptándola al diseño de sonido:

- Docencia personalizada y sistemas expertos de procesado de audio (Bocko, 2010; Moffat, 2021) dentro de este ámbito podemos encontrar sistemas expertos de producción y mezcla. También entrarían en este apartado las herramientas de composición automática o de ayuda para completar composiciones parciales, Como ejemplo Magenta Studio (Roberts,2019) es un *plugin* para Ableton que nos permite generar, ampliar e interpolar melodías y también crear pistas de percusión o humanizar pistas existentes mediante Inteligencia Artificial. Logic Pro también incorpora una herramienta para la generación de percusión basada en IA (Vogl, 2017).
- Soportes inteligentes para el aprendizaje colaborativo. Los sistemas de aprendizaje colaborativo cada vez se están empleando más en el ámbito de la educación superior. Tal como nos indica Montebello (2018) entre sus ventajas tenemos beneficios en los ámbitos sociales, psicológicos, académicos y de evaluación. Una aplicación muy interesante para el campo de la música se encuentra en De Bruin (2022).
- Realidad virtual inteligente: las tecnologías de realidad virtual inteligente se están aplicando al diseño de sonido para películas (Zhang, 2022). Tanto la realidad virtual como la realidad aumentada tienen un importante potencial dentro de la educación musical (Yeon, 2018) en general y de la educación en tecnología musical (Cook, 2019) en particular.
- Generadores de contenido multimedia inteligentes: este tipo de generadores son enormemente útiles en muchos casos. Bell (2020) estudia, por ejemplo, su aplicación en el caso de la educación musical de estudiantes con discapacidad.

4. Aplicación de HIAEDS a procesos de ABP

En todo proceso de aprendizaje, y el diseño de sonido no es una excepción, la práctica reflexiva es fundamental, puesto que capacita a la persona para aprender de sus propias experiencias. En nuestro caso, a través del aprendizaje basado en problemas, pretendemos que las experiencias obtenidas de la realización de proyectos constituyan el núcleo central del proceso de aprendizaje. Ya en los años ochenta del siglo XX, Kolb (2014) desarrolló una teoría del aprendizaje experiencial que ha sido ampliamente empleada desde entonces en el ámbito de la enseñanza musical entre otros (Russell-Bowie, 2013), a la que denominó Ciclo de aprendizaje (puedes consultar el gráfico a continuación). El ciclo de Kolb está formado por cuatro fases que nos permiten ingresar en cualquier punto, pero todas las etapas deben seguirse en secuencia para lograr un proceso de aprendizaje exitoso. Las fases del ciclo son: experiencia concreta, observación reflexiva, conceptualización abstracta y experimentación activa. En el caso del diseño de sonido muchas veces empezamos con una experimentación activa, planificando el proyecto concreto y probando distintos parámetros para ver cómo suenan y cómo responde la tecnología, tras tomar alguna decisión obtendremos una experiencia concreta que tras un período de revisión nos llevará a juicios de valor sobre los resultados y a una conceptualización abstracta sobre posibles mejoras, motivos por los que distintos elementos suenan de una manera específica, etc. Ello nos llevará de nuevo a un proceso de experimentación activa donde tendremos que probar nuevos *plugins*, configuraciones o ediciones en función de las conclusiones obtenidas previamente. Este proceso lo hacemos de forma iterativa de modo que al experimentar producimos experiencias concretas que nos llevan a nuevas reflexiones y a afianzar, con ayuda de ella, nuestros conocimientos abstractos. Es importante hacer notar que el uso de algunas herramientas basadas en IA nos ayuda a reducir, en buena medida, muchos detalles concretos de la experimentación activa permitiendo que esta pueda en un proceso más creativo y fructífero y ayudando, de este modo, a permitir dedicar más tiempo a la reflexión creativa y a la adquisición de conocimientos abstractos.

Gráfico 6.2. Ciclo de aprendizaje.

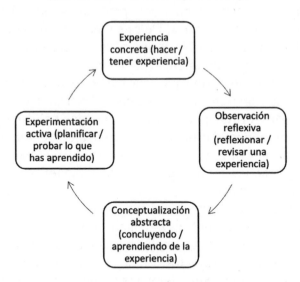

Al intentar resolver un problema concreto dentro de uno de los proyectos de procesado sonoro, el alumno identifica los recursos de técnicos específicos que necesita (ecualizadores, compresores...) y establece unos criterios y evidencias que le permitirán conocer la corrección de su solución al ejercicio propuesto (experimentación activa). Luego, configura los diversos *plugins* y experimenta una posible solución y, si no hay errores en la configuración empleada, el resultado sonoro reproducido en la DAW coincidirá con sus expectativas o con sus pistas de referencia (acción). Cuando el alumno escucha una discrepancia significativa entre lo que se reproduce y sus expectativas o referencias, este comprende que existe un problema con el *plugin* o configuración implementada y reflexiona sobre lo que ha sucedido (observación reflexiva).

Finalmente, el alumno extrae conclusiones del análisis de la información disponible para aprender de su experiencia (conceptualización abstracta). Utiliza los criterios y evidencias previamente establecidos para determinar el grado de consecución de su objetivo —una correcta programación del sonido que debe generar con una correcta solución— o no —la falta de coherencia del sonido generado con los objetivos preestablecidos—. En este último caso, el estudiante utilizará sus conclusiones para pasar a una etapa posterior de experimentación activa para planificar una estrategia revisada; es decir, hacer las correcciones correspondientes y, si no hay errores, generar de nuevo los sonidos. De este modo, continuará lograr su objetivo haciendo que el ciclo de aprendizaje comience de nuevo.

Así, el ciclo de Kolb implica que no basta con tener una experiencia para aprender, sino que debe haber un proceso de reflexión posterior a la experiencia: es fundamental reflexionar sobre la experiencia para formular conceptos que puedan aplicarse a nuevos entornos. Finalmente, este nuevo aprendizaje se pondrá a prueba en nuevas situaciones y contextos. De esta forma, teoría, acción, reflexión y práctica se vinculan en un ciclo dinámico y se complementan (Shon, 1991).

Finalmente, con la ayuda del soporte tecnológico que brindan las herramientas basadas en inteligencia artificial, se espera incentivar al alumno para que aplique cualidades más creativas en el desarrollo de sus proyectos. En la siguiente sección, comentaremos más en detalle cómo implementamos estas teorías y dinámicas en la elaboración de la programación de una asignatura de diseño de sonido.

5. Una experiencia docente

Durante el curso 2021-2022 impartimos la asignatura Digital Sound Design (diseño de sonido digital) a alumnos de 4.º de Ingeniería Informática y Tecnologías Virtuales de la Universidad Loyola. El curso se organizó aprovechando las metodologías *flipped classroom*, aprendizaje informal y centrándonos en el aprendizaje basado en proyectos. Con la ayuda de estas metodologías docentes se creó un ambiente distendido en las clases donde gran parte del conocimiento es investigado y adquirido por los propios alumnos, siendo la labor fundamental del docente resolver problemas complejos y dudas, organizar el contenido y orientar al alumnado en la realización del proyecto. Así, las clases se parecían más a equipos creativos profesionales supervisados que a clases magistrales dónde se «manda tarea» sobre los temas tratados. La asignatura consta de 6 créditos ECTS, dura un semestre y se organiza en torno a tres grandes proyectos de creciente complejidad:

- **Realización de una historia sonora.** Requiere todos los pasos desde la escritura del guion, la grabación de voces y efectos de sonido, el procesado y la edición de música de bibliotecas para adaptarlo a la historia. Al ser un proyecto puramente basado en audio, los alumnos pueden centrarse en crear su primer proyecto de diseño de sonido y en familiarizarse con las distintas herramientas de edición y procesado de audio.
- **Sonorización de una escena.** Requiere sonorizar con doblaje, música y efectos de sonido una escena de corta duración escogida por los alumnos con la aprobación del profesorado. Apoyándose en los conocimientos adquiridos en el proyecto anterior, este tiene una capa más de dificultad al incluir la sincronización con imágenes como un elemento adicional. La creatividad vuelve a ser central en el proyecto ya que los alumnos pueden reescribir diálogos y cambiar el sentido completo de la escena a través de su sonorización (lo que en esta promoción llevó a la realización de parodias y versiones satíricas).
- **Diseño de sonido para un videojuego.** Los propios estudiantes creaban el videojuego en la asignatura paralela Narrativa Multimedia. Esto requería que los estudiantes se familiarizasen con el audio adaptativo, junto con la creación de numerosos efectos de sonido con múltiples permutaciones de los mismos.

Debido al propio perfil de los estudiantes y al tema central de la tesis de uno de los profesores (generación de música con inteligencia artificial), la idea de usar herramientas basadas en IA para el diseño de sonido surgió espontáneamente en clase entre docentes y alumnado. Por ello, las aplicaciones de dichas herramientas fueron muy variadas en la primera promoción, sirviendo, en parte, como filtro para la elección de herramientas de las futuras promociones.

Algunas de los usos que se dieron de las HIAEDS en los distintos proyectos fueron:

- Transcripción de canciones mediante IA: gracias a ello, estudiantes con conocimientos bastante limitados en armonía y composición pudieron transcribir secuencias de acordes de canciones famosas que les sirviesen de base para realizar *covers* que emplear como banda sonora de videojuegos.

- Conversión de audio a *midi*: a pesar de que este proceso puede realizarse con otros tipos de tecnología, la conversión permitía a los estudiantes con conocimientos limitados sobre composición melódica transcribir melodías pegadizas y reutilizarlas con instrumentos de distintos timbres.
- Aislamiento de sonidos de su entorno: usado tanto para reducir ruido en grabaciones hechas en entornos subóptimos (para los proyectos de sonorización de escena) como para la reutilización de patrones de baterías como *samples*.
- Aprendizaje mediante imitación de sistemas expertos y resolución de problemas complejos: Como indicamos en las clasificaciones de herramientas inteligentes para el diseño de sonido, los alumnos fueron capaces de resolver algunas situaciones complejas con mezcla de voces, efectos de sonido y música mediante el uso de sistemas expertos de los que pudieron aprender y modificar parámetros hasta obtener resultados satisfactorios.
- Generación automática de música para BSO y creación automática de arte de referencia para el diseño de videojuegos.

Según las observaciones de los docentes, el uso de estas herramientas no supuso necesariamente un resultado final mejor de los grupos que las emplearon sobre los que no. En general, el nivel de la promoción fue alto, sin embargo, es necesario recalcar que pueden obtenerse resultados finales similares con el uso de otras tecnologías más consolidadas y que suelen funcionar con mayor fiabilidad. Por tanto, el factor diferenciador fundamental del uso de estas tecnologías es, en este caso, su capacidad para permitir que los estudiantes exploren actividades creativas (como la composición) con resultados sorprendentemente aceptables, desarrollando sus capacidades para innovar y crear productos propios con los que se sienten profundamente identificados frente a aquellos que emplearon materiales ajenos «descargados de librerías *stock*» u otras fuentes, cuyos trabajos podían carecer de ese factor creativo e innovador. Por otra parte, el uso de algunos de estos sistemas también permitió al alumnado resolver problemas de manera autónoma sin tener que buscar la ayuda de los profesores o sin tener que optar por abandonar ciertas ideas al convertirse en demasiado complejas.

6. Conclusiones

Como puedes observar en el capítulo, la experiencia docente queda reflejada mediante métodos cualitativos y los resultados en cuanto a la viabilidad para su uso en las aulas de diseño de sonido de las herramientas basadas en IA, parecen claros. En el estudio también vemos cómo mediante el uso de dichas herramientas los estudiantes asumen mayores riesgos, lo que los lleva a desarrollar tanto su capacidad creativa como competencias que *a priori* les pueden parecer inasumibles.

La necesidad de continuar con el estudio de proyectos desarrollados con el uso de las HIAEDS es claramente necesario, pues los datos obtenidos hasta la fecha pertenecen a una muestra demasiado pequeña para resultar matemáticamente significativos. Además, estos datos muestran información inconcluyente en lo que respecta a la calidad técnica final de los productos audiovisuales, por eso es un campo interesante en el que seguir investigando para establecer si, conforme avancen estas nuevas tecnologías, los resultados finales son significativamente mejores gracias a su uso, con independencia de las competencias que promuevan durante el desarrollo de los estudiantes. A pesar de ello, creemos que la metodología expuesta puede ser útil no solo en el estudio futuro HIAEDS, sino también en otros estudios sobre la implementación de diversas tecnologías basadas en IA en la enseñanza de diferentes materias audiovisuales.

De la misma manera, las clasificaciones empleadas, adaptadas al campo de la enseñanza en diseño de sonido (y extensibles a otras materias relacionadas con medios audiovisuales) pueden servir de orientación no solo a educadores, sino también a aquellos desarrollares de *software* con intenciones de desarrollar o mejorar las tecnologías de IA con objetivos pedagógicos, tanto en el campo de la enseñanza superior, como en el del aprendizaje autónomo y la colaboración entre profesionales.

7

PÓDCAST Y LÍDERES POLÍTICOS: NUEVAS VÍAS DE COMUNICACIÓN DIRECTA CON LA CIUDADANÍA

Aitor Fernández Rodríguez
Universidad Complutense de Madrid

David Varona Aramburu
Universidad Complutense de Madrid

El desarrollo constante de nuevas herramientas y posibilidades comunicativas ha facilitado la comunicación directa entre gobernantes y ciudadanía. Hasta hace no tanto, el político que quería hacer llegar un mensaje a una audiencia concreta debía hacerlo a través de los medios de comunicación. Una barrera que se ha ido derribando con la llegada de las páginas webs, los blogs y, especialmente, las redes sociales. En este análisis se aborda la incorporación del pódcast a ese proceso de comunicación política directa, entendido así el pódcast como una nueva herramienta de para el mensaje político.

Como sucede con gran parte de las innovaciones que se observan en las últimas décadas en el mundo de la comunicación y, en concreto, en la comunicación política, el uso del pódcast con este objetivo se inició en Estados Unidos. Los expresidentes Obama o Clinton forman parte de una larga lista de personalidades políticas que han apostado por este formato. En ese sentido, cabría comenzar el análisis diferenciando entre el uso que realizan políticos en activo, que podrían hacer un ejercicio comunicativo más tradicional en busca de un rédito electoral, y quienes ya no han de someterse al veredicto de las urnas.

En España también contamos con ejemplos de los dos tipos. Muy recientemente Susana Díaz (desde septiembre de 2022) o diputados del Partido Popular de Andalucía forman parte de la lista de políticos en activo que hacen uso de la herramienta.

Sin embargo, este trabajo se centra en el uso que realizan en nuestro país diferentes personalidades políticas retiradas de la primera línea. Para ello, se analizan los contenidos en pódcast creados por exlíderes como Felipe González, Pablo Iglesias o Artur Mas y la relevancia que esto tiene al permitirles esquivar la tradicional labor de intermediación periodística a la que habitualmente se ve sometido el mensaje político.

La investigación aborda las similitudes existentes entre los tres programas y determina las diferencias en aspectos tanto formales (diferente frecuencia de emisión que viene determinada por el tipo de programa y que da pistas sobre si el contenido es de actualidad o no) como en el uso y la difusión de los contenidos o en la forma de liderar los programas por parte de los tres sujetos, pudiendo diferenciarlos en dos tipos: *podcaster* personalidad política y *podcaster* comentador político.

1. Pódcast y desintermediación periodística: su uso en política

En las últimas décadas hemos asistido al desarrollo constante de nuevas herramientas y formatos que han multiplicado las posibilidades de comunicación. La progresiva aparición de medios digitales, blogs o redes sociales y su perfeccionamiento a través de las nuevas opciones comunicativas ha cambiado por completo el escenario mediático. Históricamente, los medios de comunicación ejercían una importante labor de intermediación que permitía trasladar el mensaje a la audiencia. Hoy en día, gracias a estos nuevos medios, cualquier emisor puede trasladar directamente este mensaje a una audiencia determinada, incluso masiva, sin pasar por los medios convencionales.

En ese modelo, los líderes políticos cuentan con más conocimientos, equipos profesionalizados y opciones que nunca para emplear nuevas opciones comunicativas que faciliten la conversación directamente con la ciudadanía. Disponen, así, de nuevas alternativas para esquivar el trabajo clásico de intermediación periodística. Un «cambio de orden en el esquema tradicional» (Iturregui-Mardaras *et al.*, 2020:9), al pasar a ser los medios quienes se dirigen directamente a los gabinetes de comunicación en busca de la noticia. Mientras, los equipos de comunicación cuentan con múltiples herramientas para dirigirse de forma directa a la audiencia.

Estamos así ante el paradigma del que se han beneficiado diferentes líderes políticos, como ya explicaba McLaughlin (2006) en la primera época del pódcast, hace ya casi dos décadas. No es de extrañar que MacDougall (2011:727) apuntara que «la sociedad puede haber encontrado en el pódcast el medio más idóneo para la política del siglo XXI».

Actualmente, en esta nueva ola, los políticos han reencontrado en el pódcast un espacio comunicativo que ofrece unos datos de consumo crecientes y numerosas posibilidades que pueden mejorar y complementar los usos de las redes sociales más utilizadas en la actualidad. Como defienden Moreno y Román (2020), «el texto escrito, el hablado y el visual se hibridan dentro de las posibilidades que ofrece internet». Ahí entran en juego los pódcast, ya que pueden beneficiar al emisor gracias a su factor novedoso «en los tiempos y en la forma de tratar la información».

Ciñéndonos al ámbito político, los pódcast se han estudiado como herramientas para persuadir a los votantes. Destaca el trabajo de Chadha, Ávila y Gil de Zúñiga (2012:397), que probaron la existencia de «una relación empírica entre el uso de pódcast y la participación política, tanto en línea como fuera de línea.

Esta relación se mantiene constante, incluso cuando se controla el efecto del consumo de otros medios en los comportamientos participativos».

En la misma dirección, Kim *et al.* (2016) demostraron que un «pódcast partidista puede facilitar los sentimientos emocionales de los ciudadanos hacia los candidatos debido a sus características de formato y contenido».

Por su parte, Tranová y Veneti (2021:16) han encontrado que «la relación que se forja entre el político y sus votantes a través del pódcast es real y se traduce en un cambio positivo en el comportamiento de los votantes durante las elecciones».

El ejemplo paradigmático por antonomasia para destacar el empleo de las redes sociales en la comunicación política es Barack Obama (Cogburn y Espinoza-Vásquez, 2011:208). Sus campañas electorales de 2008 y 2012 han sido largamente estudiadas en países de todo el mundo (Metzgar y Maruggi, 2009; Johnson y Perlmutter, 2010; Robertson, Vatrapu y Medina, 2010). Y también ha sido pionero y modelo en el uso del pódcast como herramienta de comunicación política. Es necesario mencionar la llegada del expresidente de los Estados Unidos a Spotify con *Renegades: Born in the USA*[1], el pódcast que compartió en 2021 con el músico Bruce Springsteen (2021). Aprovechando la amistad de ambos, Spotify lanzó una serie, formada por 8 episodios, en la que tratan asuntos como la masculinidad, la paternidad, el racismo y la justicia social o el sueño americano.

Recientemente se ha anunciado que Higher Ground, la productora de Barack y Michelle Obama, iniciará una colaboración con Audible (EFE, 2022), la plataforma de pódcast de Amazon. Precisamente, la ex primera dama de los Estados Unidos aterrizaba antes en el formato con *The Michelle Obama Podcast*[2], una serie de conversaciones sobre distintos aspectos de la vida, familia o amistades, con un trasfondo que busca ser inspirador (Alexander-Floyd, 2020:420).

Otro expresidente de los Estados Unidos, como es Bill Clinton, cuenta con *Why Am I Telling You This*[3] que, utilizando también el patrón de una conversación, busca acercar asuntos complejos a la audiencia. Por su parte, Hillary Clinton publica *You and me Both*[4], pódcast en el que combina episodios vinculados a aspectos como la democracia y la desinformación con otros como la fe o la cocina.

Cabe destacar la apuesta por el formato pódcast del George W. Bush Presidential Center, si bien en este caso no en programas conducidos, protagonizados o con participación del propio expresidente.

Sin dejar los Estados Unidos podemos apuntar otros pódcast. *Veredict with Ted Cruz*[5] es un popular videopódcast en el que el senador republicano analiza las noticias junto al presentador Michael Knowles. Un formato que comparte similitudes con *The Al Franken Podcast*[6], el programa del exsenador demócrata, escritor y humorista Al Franken.

El exoficial SEAL de la Marina de los Estados Unidos y actual miembro de la Cámara de Representantes por el Partido Republicano Daniel Reed, con *Hold These Truths*[7], o su compañero Matt Gaetz con *Firebrand*[8], son otros dos ejemplos destacados de esta dinámica. Con un objetivo claramente electoral, el secretario de Transportes de los Estados Unidos, Pete Buttigieg, lanzó *The Defining Decade*[9] en el período previo a las elecciones presidenciales de 2020, momento en el que compitió por ser el candidato demócrata.

Pódcast de políticos en España

En España, poco a poco, empiezan a ser más los políticos que apuestan por el formato pódcast. Se ha realizado una búsqueda del uso de pódcast por parte de dirigentes políticos en nuestro país, sin poder reseñar todavía una actividad muy destacable en este sentido. A diferencia de los Estados Unidos, en España aún contamos con un amplio margen de recorrido en el uso del pódcast como herramienta de comunicación política. Sin embargo, ya hay algunos casos interesantes.

Uno de los ejemplos encontrados es el de Susana Díaz, último ejemplo relevante en dar el salto al audio. La senadora del PSOE y expresidenta de la Junta de Andalucía ha publicado muy recientemente (septiembre de 2022 y sin recorrido en cuanto a contenido para ser considerado dentro de este estudio) *Desde mi interior*[10], un pódcast que, al cierre de este análisis, contaba únicamente con un episodio, *Vuelta al cole*, una reflexión personal del regreso de los niños al curso escolar. En la presentación de este serial de capítulos, la propia Díaz señala entre los motivos para lanzarse a esta plataforma que le permite una comunicación directa y que no tenga intermediarios. De nuevo, y como veremos más adelante, los propios políticos apelan a romper la barrera de la intermediación periodística como motivación principal.

Por su parte, tres diputados del Partido Popular con distintas responsabilidades en la Junta de Andalucía y el Parlamento andaluz, José Ramón Carmona, Adolfo Molina y Ramón Herrera, publican *Escaño 111*[11], un pódcast «creado por políticos, que no trata sobre política», como ellos mismos definen.

En España destacan más los casos de políticos retirados de la política que lideran un pódcast. Es a estos, debido a su mayor recorrido en el uso de pódcast, a los que dedicamos con más detalle esta investigación. Para ello, hemos tomado como referencia los programas que lideran Pablo Iglesias, Felipe González y Artur Mas.

Estos formatos en audio son generalmente contenidos de fondo, con mayor profundidad y contextualización. En este sentido, los pódcast suponen una oportunidad de «explorar nuevas narrativas» (Martínez-Costa, *et al.*, 2021:330). En su estudio, los autores señalan como factores clave la curación de contenidos y la apuesta por ritmos narrativos y de publicación más pausados, así como la innovación narrativa o el desarrollo de la identidad de la marca a través de la voz y de los contenidos de audio.

En ese sentido, Jiménez (2019:23), sugiere que organizaciones y personajes públicos «pueden optar por desintermediar parcial o casi totalmente a los medios de comunicación y tener voz propia, a la par que influyen en ellos». Por su parte, Rojas-Torrijos *et al.* (2020:161), apuntan al uso de pódcast y su audiencia creciente debido al interés en temas concretos, un espacio donde precisamente los programas sonoros pueden explotar todo su potencial.

El consumo de pódcast en España

Spotify o iVoox son dos de las redes que más crecieron en España en el último año (IAB Spain, 2022). Además, con 1 hora y 31 minutos diarios, la primera, y 1 hora y 23 minutos diarios, la segunda, son las redes sociales en las que los españoles pasan más tiempo de media. Si bien en Spotify el consumo podría estar más orientado hacia lo musical, no sucede lo mismo con la plataforma española de pódcast.

En España el consumo de pódcast se encuentra por encima de la media mundial. En nuestro país lo escucharon el último mes un 41 %, tres puntos más que en 2021 y siete más que la media de los veinte países que analiza el estudio Reuters Institute Digital News Report (2022). España se encuentra solo por detrás de Irlanda, Suecia y Noruega y hasta 12 puntos por encima de países del entorno como Francia o Italia.

Este estudio, que recoge los datos de nuestro país analizados por Vara-Miguel *et al.* (2022:137), destaca que las plataformas más utilizadas para encontrar y reproducir pódcast en España son:

- YouTube: el 30 %; tres puntos más que en 2021.
- Spotify: el 26 %; ocho puntos más que el año anterior.
- iVoox: 19 %; que se reduce en un punto.

Tras estas tres primeras plataformas, en el estudio aparecen Google Podcast (13 %; reduciéndose su uso 3 puntos), la página web o aplicación de noticias (12 %), Audible (7 %; incrementando su consumo en 3 puntos) o Apple Podcast (7 %). Cabe destacar la resistencia de iVoox, con mercado en España y Latinoamérica, y el mantenimiento en 2022 de YouTube como plataforma para escuchar audios, frente a Spotify, que, pese a que crece notablemente, no es la plataforma preferida por para encontrar y reproducir audios en España, como sí lo es para los oyentes de países como Alemania o Reino Unido.

El estudio del Reuters Institute arroja otro detalle que puede ser clave para entender el crecimiento sostenido del pódcast: la caída en España del interés por las noticias hasta en 30 puntos, del 85 % en 2015 al 55 % en 2022. En un entorno como ese, los formatos sonoros actuales ofrecen un valor añadido al consumo puramente informativo, con una contextualización y nivel de detalle mayor, lo que puede resultar más interesante para la audiencia.

Estas nuevas posibilidades narrativas son posibles gracias a que el *podcasting* ha roto una comunicación sonora hasta ahora estandarizada en los géneros y formatos radiofónicos (García-Marín y Aparici, 2018).

2. Objetivos de la investigación

La investigación planteada se propuso el objetivo de analizar el empleo del pódcast por parte de tres relevantes figuras de la política española, ya retiradas de la primera fila: Felipe González, con el pódcast *Sintonías infrecuentes*[12]; Pablo Iglesias, con *La Base*[13] y Artur Mas, con el espacio *A favor de la política*[14].

Se centra, por tanto, en el análisis de los programas encabezados por políticos o expolíticos. Para abordarlos, comenzamos preguntándonos cuáles serían las motivaciones principales de estas personalidades para poner en marcha esta acción comunicativa. La respuesta podría resultar sencilla en el caso de aquellos que están en activo en la política: contribuir a trasladar su mensaje político sin intermediarios, como se realiza habitualmente a través de una red social.

Pero ¿cómo se responde a esta pregunta en el caso de aquellos políticos retirados de la vida pública? Se podría compartir motivación y pensar en un anhelo de seguir ocupando un espacio de la opinión pública. También puede deberse a una cuestión comercial, debido al elevado conocimiento público o prestigio que pueden reunir, o puede ser una combinación de ambas.

Partíamos de la base de que los tres principales pódcast analizados compartían formatos de emisión, pero nacían con objetivos distintos. Si bien *Sintonías infrecuentes* y *A favor de la política* se presentaban al público como espacios de reflexión y conversaciones entre el expolítico protagonista y una personalidad de relevancia, *La Base* lo hace como un espacio con información, opinión, colaboradores y, en definitiva, similitudes a un magacín de noticias.

Tabla 7.1. Descripción de la muestra de pódcast elegidos para la investigación.

Título del pódcast	Autor	Descripción
La Base	Pablo Iglesias	*La Base* es un pódcast de actualidad del diario *Público* que se emite de lunes a jueves y está presentado por el exvicepresidente del Gobierno Pablo Iglesias. Este es el más político y pegado a la actualidad de los ejemplos y por su formato podría compartir similitudes con pódcast periodísticos como *La cafetera* o *Carne cruda.* En la semana del cierre de esta investigación arrancaba la segunda temporada.
Sintonías infrecuentes	Felipe González	Felipe González ha seguido la tendencia iniciada en Estados Unidos por los expresidentes Barack Obama o Bill Clinton, Michelle Obama o Hillary Clinton. *Sintonías infrecuentes* es un pódcast de la plataforma Podimo y la Fundación Felipe González en el que el expresidente intercambia opiniones y puntos de vista con personalidades de la política española e iberoamericana, de la cultura y la comunicación. La propia Fundación Felipe González lanzó el 28 de junio de 2022 *Tener voz,* un pódcast sobre memoria, voz y política lanzado por la periodista Ángeles Afuera y con periodicidad mensual. Este hecho aporta información del interés de su fundación por la apuesta por este tipo de formato.
A favor de la política	Artur Mas	En una línea similar a la de González, Artur Mas, expresidente de la Generalitat de Catalunya, puso en marcha el proyecto *A favor de la política* para defender el buen gobierno y el prestigio de la política. En este espacio comparte charlas distendidas en formato videopódcast con destacados profesionales de la vida política o la esfera pública catalana y nacional.

Con esta perspectiva previa, se plantean estas preguntas de investigación:

- ¿Qué similitudes y diferencias principales existen entre los tres programas y sus estilos y enfoques?
- ¿Cuál es el objetivo de cada uno de los pódcast? ¿Buscan evitar la intermediación de los medios convencionales?
- ¿Qué tipo de *podcaster* es cada uno de los políticos elegidos para comparar?

Para responder a estas preguntas, planteamos un primer análisis cuantitativo con el objetivo de conocer todos aquellos datos y números relevantes (periodicidad, número de programas emitidos, temporadas, presencia en redes sociales o duración media de los episodios, entre otros) pudiendo así entender el fenómeno e ir colocando las bases de la investigación, pero el análisis atiende principalmente a los aspectos cualitativos a través de la escucha de los episodios de los tres programas analizados.

3. Metodología

Para la realización de este trabajo se ha recurrido a una metodología de tipo cualitativo: el análisis de contenido. Esta técnica, tal y como apunta Piñuel (2002) permite entender el sentido que emerge del texto. También es un método que «procura comprender los datos, no como un conjunto de acontecimientos físicos, sino como fenómenos simbólicos, y abordar su análisis directo» (Nogales, 2011:12). Por su parte, Díaz Herrera (2018:125) apunta que «el análisis de contenido cualitativo no tiene como fin solo la búsqueda de ciertos contenidos dentro de un corpus, sino de encontrar el sentido que estos contenidos, poseen dentro del contexto».

A partir del análisis de contenido, la investigación se fundamenta en el método utilizado por Martínez-Costa *et al.* (2021:220) en su trabajo *La oferta de pódcast de la prensa*. Las autoras realizaron en este trabajo una primera aproximación cuantitativa y cualitativa al uso del pódcast en la prensa regional y local, colocando el análisis en la oferta de producción de audio en los medios de comunicación impresos de las cabeceras centenarias en las comunidades de Castilla y León y Navarra. Con este análisis trataban de mostrar «el contenido periodístico en audio de los medios de proximidad como parte del proceso de transformación digital».

En esa investigación, llevan a cabo un estudio de caso múltiple sobre cinco cabeceras periodísticas que utilizan el pódcast como herramienta informativa. Para ello, diseñaron una tabla de análisis de contenido que abarcaba diferentes variables. En su diseño, tuvieron en cuenta estudios de Antunes y Salaverría (2018 y 2020) y Martínez-Costa y Lus-Gárate (2019). De esta forma, establecieron 37 variables por cada pódcast que posteriormente detallaban en sus respectivas muestras.

En nuestra investigación, y partiendo del modelo descrito, se han diseñado tablas de análisis de contenido para cada una de las tres unidades analizadas y respondiendo en los tres casos a las mismas preguntas o variables. Estas se han dividido en resultados descriptivos (de tipo cuantitativo) y cualitativos, en función de si procedían de la observación física de las características de cada programa o de la escucha y observación cualitativa de los episodios y su contenido.

Con respecto a las cuestiones descriptivas, se han seleccionado diferentes variables que considerábamos relevantes para acotar mejor el fenómeno del estudio. Una vez recabados los diferentes resultados, se han transferido a las tablas de análisis para poder comparar los parámetros de los diferentes pódcast. Tras recabar todos estos datos, se procedió a la interpretación de los resultados.

A partir de esa descripción física, este trabajo se centra especialmente en los resultados cualitativos, dado que la muestra seleccionada así lo permite, aplicando el análisis de contenido. Al tratarse únicamente de tres programas, y con un volumen de emisiones no muy alto, se ha podido realizar una aproximación sencilla al fenómeno a través de esta técnica cualitativa.

Es necesario destacar que se trata de una observación exploratoria al no tratarse de un fenómeno analizado previamente y, por tanto, todavía no acotado.

4. Resultados

Información descriptiva de los pódcast

Tabla 7.2. Resultados de los diferentes parámetros extraídos del análisis cuantitativo

	La Base	Sintonías Infrecuentes	A favor de la política
Programas emitidos	94 (el 12 de septiembre de 2022 comenzó la segunda temporada, que no entra en el análisis)	10	9
Temporadas	2 (la segunda acaba de arrancar en septiembre de 2022)	2	2
Duración media de los episodios	60 minutos	45 minutos	30 minutos
Periodicidad	4 programas semanales (de lunes a jueves)	1 programa al mes (aproximadamente)	No fija
Primera emisión	Enero 2022	Abril 2021	Octubre 2021
Última emisión	Julio 2022	Diciembre 2021	Julio 2022

En la tabla 7.2, se observan algunos datos que tienen que ver con el formato y el público al que se dirige cada uno de los tres programas, es decir, con la descripción física de los pódcast estudiados.

En cuanto a la frecuencia de emisión, *Sintonías Infrecuentes* y *A favor de la política* no cuentan con una regularidad determinada, lo que puede indicar que se trata de emisiones atemporales, que pueden consumirse en cualquier momento y que su interés no radica tanto en la inmediatez, como en el propio contenido. Justo al revés de lo que sucede con el pódcast *La Base*, cuya periodicidad (cuatro programas semanales) se ajusta más al de un programa informativo de radio o televisión que intercala noticias diarias, opinión y entrevistas.

Tabla 7.3. Resultados de los diferentes parámetros extraídos del análisis de las plataformas de distribución en los que cada programa tiene presencia

Plataformas de distribución en las que el programa tiene presencia					
	Spotify	iVoox	Apple Podcast	YouTube	Podimo	Audio-boom
La Base	✓	✓		✓ (en el canal del diario *Público*)	·	
Sintonías Infrecuentes	✓	✓	✓	✓ (en el canal de Podimo)	✓	
A favor de la política	✓		✓	✓ (en el canal de Artur Mas)	✓	✓

En la tabla 7.3 se muestran las plataformas en las que tiene presencia cada uno de los programas. Esta distribución podría atender a una estrategia empresarial o comercial. Sin embargo, cabe destacar la ausencia del pódcast de Artur Mas en iVoox, la tercera plataforma más utilizadas para encontrar y reproducir pódcast en España, a la vez que es el único de los tres programas cuyos contenidos pueden seguirse en una plataforma con menor cuota de mercado como es Audioboom.

Tabla 7.4. Resultados de los diferentes parámetros extraídos del análisis de las redes sociales en las que cada programa tiene presencia

Redes sociales en las que los pódcast tienen presencia			
	Twitter	Facebook	Instagram	Telegram
La Base	✓	✓	✓	✓
Sintonías Infrecuentes				
A favor de la política		✓ (en el perfil de Artur Mas)	✓ (en el perfil de Artur Mas)	

Analizadas las redes sociales en las que cada plataforma tiene presencia, encontramos que el pódcast *La Base* cuenta con perfiles en Twitter, Facebook, Instagram y Telegram, y con una presencia notablemente activa en todas ellas. El objetivo podría ser viralizar los contenidos en una estrategia similar a la de un programa periodístico y hacer llegar el programa a su público objetivo.

En el lado contrario estarían *Sintonías Infrecuentes*, sin presencia en ninguna de las redes, y *A favor de la política*, con publicaciones únicamente en las cuentas de Facebook e Instagram del propio Artur Mas. Cabe señalar que *Sintonías Infrecuentes* sí tiene respaldo en los medios sociales de la plataforma que produce el programa, Podimo. Sin entrar en estrategias en medios sociales, esta nueva similitud entre ambas cuentas (falta de perfiles propios) muestra cierta lógica al tratarse de programas sin una periodicidad estable y con vacíos de emisión notables, lo que podría crear una mala sensación en las redes sociales. Por lo tanto, su forma de llegar al público es distinta a la de *La Base*, marcando una nueva diferencia con este programa.

Resultados cualitativos

El análisis de contenido practicado a los episodios de los pódcast ha permitido comprender mejor su propuesta comunicativa, el tipo de contenidos que incluye y la intención de cada autor al publicarlo.

Tabla 7.5. Comparativa de pódcast analizados

	La Base	Sintonías Infrecuentes	A favor de la política
Tipo de programa	Magacín de noticias con colaboradores	Conversación con un invitado	Conversación con un invitado
Estilo del programa	Programa politizado. Mensaje de trinchera	Diálogo con opiniones del protagonista	El protagonista introduce más preguntas y menos opiniones en su conversación
¿Expresa habitualmente sus opiniones?	Sí	Sí	A veces

	La Base	Sintonías Infrecuentes	A favor de la política
¿Son de actualidad los contenidos?	Sí	No	No
Tipo de contenido	Político, informativo	Político, reflexión de las vivencias del expresidente y el invitado	Político, reflexión de las vivencias del expresidente y el invitado
Acceso	Acceso gratuito y libre a los contenidos	Acceso parcial de forma gratuita: 10 minutos por programa. Acceso completo a través de suscripción en Podimo	Acceso gratuito y libre a los contenidos
Ámbito de interés	Nacional	Internacional	Nacional

En la tabla 7.5 se observa una primera parte del análisis en la que se comparan los estilos y características de cada pódcast en cuanto al contenido.

A partir de esas características, el análisis de contenido permite encontrar otras que tienen que ver con el sentido del pódcast. Así, encontramos que mientras *Sintonías Infrecuentes* y *A favor de la política*' siguen un patrón similar, *La Base* es, definitivamente, otro tipo de programa, un magacín de actualidad político-informativo que podríamos calificar de militante al estar muy vinculado a las ideas del partido del expresidente Pablo Iglesias.

«Las elecciones andaluzas consolidan el poder de la derecha en Andalucía y ya sabemos lo que eso significa para la Sanidad, para la Educación, para los servicios públicos y para que toda la estructura de redes clientelares y vínculos con el poder mediático andaluz, que construyó en su día el PSOE, se termine de poner a trabajar, ya definitivamente, para la derecha» (*La Base*, episodio 77).

En cuanto al estilo y la intención de la conversación, al comparar y analizar los contenidos de los pódcast de Felipe González y Artur Mas, se percibe una cierta equidistancia en *A favor de la política*, mientras que las reflexiones de González suelen ser más apreciables en los episodios.

«Teníamos 202 diputados y dedicamos tres años y medio a intentar debatirlo a fondo porque no pretendíamos ganar una batalla contra otros, sino hacer una reforma que no fuera reversible» (*Sintonías infrecuentes*, episodio 1).

González y Mas encaran sus conversaciones desde esa posición un tanto alejada de la actualidad, aportando alguna referencia o anécdota vivida en su etapa como presidentes o fruto de su amplio bagaje político. Esto lo hacen mostrando altura intelectual, con temas más generales que específicos y buscando quizá más la raíz del problema que la crítica al mismo: «Tengo la sensación de que a veces se le exige a la política un discurso diario acomodado a las variables de cada día y la gestión de la res pública no permite esa velocidad» (*A favor de la política*, episodio 3).

En la primera temporada, *Sintonías infrecuentes* presenta cinco episodios con una mirada más local, mientras que en la segunda ronda de episodios se pone la lupa sobre Latinoamérica. En las intervenciones de Felipe González —y en las propias apreciaciones de las personalidades con las que comparte conversación— se traslada el mensaje de su preocupación histórica, interés y colaboración con el continente americano. En ese sentido, se puede escuchar a expertos y protagonistas de Chile, México, Nicaragua, Colombia o un episodio sobre la integración latinoamericana: «A mí me preocupa y me duele especialmente Nicaragua porque me comprometí mucho personalmente» (*Sintonías infrecuentes*, episodio 7).

Si bien ni González ni Mas ocupan posiciones totalmente neutrales (por su trayectoria no podría ser así), Iglesias apuesta por una postura mucho realmente beligerante en *La Base*. Desde el comienzo del propio programa, en su editorial inicial, apuesta por una posición de *podcaster* comentador político. Se rodea de perfiles ideológicamente muy cercanos y no tiene problemas en criticar con dureza tanto a ministros con los que ha compartido

Gobierno, como a otros líderes situados en una posición ideológica distinta. Así, refiriéndose a la ministra de Defensa, Margarita Robles, dice:

«Para Unidas Podemos poder identificar al PSOE y a Pedro Sánchez con una ministra de derechas es una garantía pedagógica para que todo el mundo entienda quién es la izquierda y quién es la derecha en el Gobierno» (*La Base*, episodio 50).

Objetivos de cada programa

El *podcasting* es un formato en auge no solo en España, sino también en Latinoamérica. Un hecho que encaja bien en uno de los principales objetivos de la Fundación Felipe González: dar a conocer y poner al servicio de la ciudadanía global el legado del expresidente español, utilizando para ello este pódcast. Así, el expresidente no necesita acudir a algún evento público u ofrecer una entrevista para dar así su opinión sobre algún tema en concreto. De esta forma controla el cuándo, el qué y el cómo.

El propio expresidente ha reconocido que este instrumento de comunicación facilita «superar la barrera de la intermediación», ya que el pódcast «permite una comunicación en la que lo que digo es lo que pienso, y lo hago con responsabilidad y libertad, pero, además, no lo hago sometido a ese trágico medio malintencionado de interpretar lo que digo en otra clave, dejando en *off* o completamente oculta mi verdad». La plataforma donde publica González, Podimo, también planteaba en su promoción del pódcast de Felipe González como un «nexo de comunicación directa con la ciudadanía».

En el caso de Mas, podría incluso tratarse de un ejercicio de redención para tratar temas con la naturalidad que no permiten determinados puestos políticos. El título, *A favor de la política*, ya da muestras de lo que cabe encontrar. El segundo ejercicio, la elección de entrevistados, con personalidades de las sociedades catalana y española muy diferentes y posiblemente muy alejadas de la trayectoria política de Mas. Ya en la segunda entrevista, Mas mantiene un encuentro titulado «¿Tiene sentido hablar de derechas e izquierdas en la Europa del siglo XXI?» con David Fernández, exdiputado y portavoz de la Candidatura de Unidad Popular (CUP). Cabe destacar el perfil de los distintos invitados y la escucha mutua que se produce, buscando llegar a puntos comunes incluso entre personas políticamente muy distintas al expresidente. Podríamos destacar en este sentido un uso del pódcast con un fin similar al de González, mostrando así el perfil cercano, amable y recordando el legado de la persona, su trayectoria y relevancia histórica.

Ese objetivo de esquivar a los medios de comunicación parece estar también en la estrategia de Iglesias, aunque de forma bien distinta. En primer lugar, porque el pódcast está producido y alojado en un medio de comunicación, como es el caso de *Público*. Además de esto, si partimos de la idea de que Iglesias ejerce una posición de *podcaster* comentador político y comparamos la escaleta de temas con los que proponen otros formatos similares, podría tener similitudes, como comentábamos al comienzo del análisis, con programas nítidamente de izquierdas, como *La cafetera* o *Carne Cruda*. A este último, incluso, el propio Iglesias lo identifica como «uno de los pódcast de referencia para nosotros». Por tanto, se sitúa al mismo nivel, pero visibiliza con notoriedad las diferencias entre el programa y los medios de comunicación generalistas, a los que suele hacer referencia durante el programa para criticar con dureza. Sobre los medios señala que «desvelar sus mentiras y manipulaciones es una necesidad democrática de primer orden» y dedica numerosos episodios a personalidades del periodismo. En el episodio 60, temático sobre *El Mundo*, califica al diario como «buque insignia del amarillismo reaccionario en España».

A diferencia de los otros dos casos analizados, en el pódcast de *La Base* el uso de un lenguaje apelativo puede tener como objetivo «atraer a un nuevo público, más joven y actualmente alejado del consumo de los medios tradicionales» (Martínez-Costa y Lus, 2019). Ahí es donde Pablo Iglesias coloca su producto, con un contenido político y en busca de un clima de opinión favorable hacia el espacio político en el que se mueve y en el que se sitúa el partido político al que hasta hace poco dirigía. «El crimen en Melilla, la masacre en Melilla es una demostración de que la derecha y la ultraderecha sí que dan esa pelea cultural, ellos sí que están en todas partes, hasta en el PSOE», comenta Iglesias en el episodio 81 del programa.

5. Conclusiones

El estudio ha permitido conocer de cerca el uso del pódcast de tres personalidades políticas hoy alejadas de la vida pública. Tras realizar una observación cualitativa, y teniendo en cuenta los datos descriptivos detallados anteriormente, podemos exponer las siguientes conclusiones que responden a las preguntas de investigación.

- *Podcaster* **personalidad política vs.** *podcaster* **comentador político.** Si bien en el primer grupo podríamos etiquetar fácilmente a Felipe González y Artur Mas, el exvicepresidente Pablo Iglesias entraría directamente en el segundo grupo.
- **Desintermediación periodística.** Los tres programas buscan romper la barrera de la intermediación periodística, aunque de forma completamente diferente. Construyendo su propio producto, controlan el mensaje, la selección de invitados y no dependen del interés mayor o menor de los medios de comunicación, generalmente atraídos en la opinión del exlíder por algún asunto de máxima actualidad y no tanto de los grandes problemas de la sociedad.

  Por otra parte, como ya inducían a pensar los datos descriptivos y como se ha podido comprobar a través de la observación cualitativa, las unidas de análisis *A favor de la política* y *Sintonías infrecuentes* comparten un buen número de similitudes, manteniendo una estructura similar frente a *La Base*, que apuesta por ser un programa donde prima más la política que los temas de fondo. El formato de conversación permite apreciar una cierta altura intelectual en la selección de temas y conversación en los pódcast *Sintonías infrecuentes* y *A favor de la política,* con charlas distendidas y mirada más larga. El expresidente González se dirige a un público con un mínimo conocimiento de la trayectoria política nacional e internacional en las últimas décadas.
- **Estilo y enfoque.** Estos líderes políticos, con experiencia al otro lado del micrófono, controlan estos espacios y se benefician de dos factores clave para atraer el interés de la audiencia: la duración y versatilidad de los contenidos en pódcast, factores que permiten, por un lado, una mayor profundidad y, por otro lado, la mirada exterior de quien, ya alejado de la vida política, no tiene

por qué seguir el argumentario de su formación política. Son personas con peso intelectual y político que resultan muy atractivas en este formato. Esta podría ser la principal similitud que se aprecia de la observación de los tres programas.

Introduciéndonos más entre los dos primeros casos, cuyas similitudes se han mencionado largamente, un aspecto que diferencia estos dos pódcast es el protagonismo que toman Felipe González y Artur Mas. Mientras que el primero introduce con naturalidad hitos de su mandato, el segundo se siente más cómodo en un papel más distante dejando espacio para largas reflexiones a las personas invitadas.

Este tipo de encuentros y conversaciones distendidas y profundas son menos habituales en los medios de comunicación, más dados a la inmediatez. En los usos políticos, charlas de este tipo tienen lugar en foros o encuentros empresariales o universitarios, que pueden no estar abiertos al público general. En este sentido, tras una primera observación y a falta de una investigación más profunda, se podría pensar que el pódcast encabezado por una personalidad política puede constituir una ventana de oportunidad para democratizar las charlas sosegadas y alejadas del ruido, bien sea entre políticos o entre estos y otras personalidades de la vida pública.

NOTAS

Capítulo 4

1. El compositor y artista sonoro francés, Luc Ferrari, emplea por primera vez el concepto de documental sonoro como adaptación del término inglés radio feature. (Lechuga, 2015; Rodríguez, 2021).
2. Premio al mejor documental en lengua no inglesa en el *Third Coast International Audio Festival*.
3. Premio Ondas Globales del Pódcast 2022 al mejor episodio de Pódcast.
4. X Premio Internacional de Periodismo Colombine de la Asociación de Periodistas-Asociación de la Presa de Almería (AP-APAL).

Capítulo 7

1. https://open.spotify.com/show/42xagXCUDsFO6a0lcHoTlv.
2. https://open.spotify.com/show/71mvGXupfKcmO6jlmOJQTP.
3. https://podcasts.apple.com/gb/podcast/why-am-i-telling-you-this-with-bill-clinton/id1546915402.
4. https://podcasts.apple.com/us/podcast/you-and-me-both-with-hillary-clinton/id1531768983.
5. https://podcasts.apple.com/us/podcast/verdict-with-ted-cruz/id1495601614.
6. https://podcasts.apple.com/us/podcast/the-al-franken-podcast/id1462195742.
7. https://podcasts.apple.com/us/podcast/hold-these-truths-with-dan-crenshaw/id1498149200.
8. https://podcasts.apple.com/us/podcast/firebrand-with-matt-gaetz/id1512848110.

9. https://podcasts.apple.com/us/podcast/the-deciding-decade-with-pete-buttigieg/id1525423535.
10. https://www.ivoox.com/podcast-susana-diaz-pacheco_sq_f11220552_1.html.
11. https://open.spotify.com/show/0o9lVNMiGghCg3hJk2jmmT.
12. https://podimo.com/es/shows/c5e80da9-8175-4f6a-a448-12d9c09b-be50.
13. https://www.publico.es/podcasts/la-base.
14. https://www.afavordelapolitica.cat/.

BIBLIOGRAFÍA

Capítulo 1

AMOEDO, A. (2022). *La escucha de pódcast crece entre los internautas españoles*. En: *Digital News Report España 2022* (pp. 131-139). Pamplona: Servicio de Publicaciones Universidad de Navarra.

ANTUNES, M. J. y SALAVERRÍA, R. (2018). «PodcastSpain: análisis de los pódcast de audio más populares de iTunes de España». En: *Libro de Comunicaciones del VI Congreso Internacional de la AE-IC 'Comunicación y Conocimiento'* (pp. 1753-1770). Madrid: Asociación Española de Investigación de la Comunicación (AE-IC).

ARISTÓTELES (2011). *Poética. Magna Moralia*. Madrid: Gredos.

BERRY, R. (2006). «Will the iPod Kill the Radio Star? Profiling Podcasting as Radio». En: *Convergence: The International Journal of Research into New Media Technologies*, 12 (2).

BERRY, R. (2015). «A Golden Age of Podcasting? Evaluating Serial in the Context of Podcast Histories». En: *Journal of Radio and Audio Media*, 22, 2.

BERRY, R. (2016). «Podcasting: Considering the evolution of the medium and its association with the word 'radio'». En: *Radio Journal*, 14, 1.

BIEWEN, J. y DILWORTH, A. (2010, 2.ª ed. 2017). *Reality Radio: Telling True Stories in Sound*. Chapel Hill: The University of North Carolina Press.

BONINI. T. (2015). *The Second Age of Podcasting: Reframing Podcasting as a New Digital Mass Medium*. Quaderns del CAC, 41, 21-30.

Bonini, T. (2022). «Podcasting as a hybrid cultural form between old and new media». En: Lindgren M. y Loviglio J. (eds.), *Routledge Companion to Radio and Podcast Studies* (pp. 19-29). Londres: Routledge.

Coward, R. (2013). *Speaking Personally: The Rise of Subjective and Confessional Journalism*. Nueva York: Palgrave Macmillan.

Fludernik, M. (1996). *Towards a 'Natural' Narratology*. Londres: Routledge.

Fludernik, M. (2009). *An Introduction to Narratology*. Nueva York: Routledge.

Genette, G. (1989). *Figuras III*. Barcelona: Editorial Lumen.

Gutiérrez, M.; Sellas, T. y Esteban, J.A. (2019) «Periodismo radiofónico en el entorno online: el pódcast narrativo». En: L. M. Pedrero Esteban y J. M. García Lastra-Núñez (eds.), *La transformación digital de la radio. Diez claves para su comprensión profesional y académica*. Valencia: Tirant Humanidades.

Hammersley, B. (2004). «Audible revolution». En: *The Guardian*. https://www.theguardian.com/media/2004/feb/12/broadcasting.digitalmedia.

Lindgren, M. (2016): «Personal Narrative Journalism and Podcasting». En: *The Radio Journal-International Studies in Broadcast and Audio Media*, 14 (1), 23-41.

Lindgren, M. (2021): «Intimacy and Emotions in Podcast Journalism: A Study of Award-Winning Australian and British Podcast». En: *Journalism Practice*.

McHugh, S. (2012). *The Affective Power of sound: Oral History on Radio. The Oral History Review*, 39:2, 187-206.

McHugh, S. (2022). *The Power of Podcasting. Telling Stories Through Sound*. Sidney: UNSW Press.

Nuzum, E. (2019). *Make Noise. A Creator's Guide to Podcasting and Great Audio Storytelling*. Nueva York: Workman Publishing.

Orrantia, A. (2019): *Diez claves para contar buenas historias en pódcast. O cómo producir contenidos en un entorno digital cambiante*. Barcelona: Editorial UOC.

Pérez-Alaejos, M. de la P. M.; Pedrero-Esteban, L. M. y Leoz-Aizpuru, A. (2018). «La oferta nativa de pódcast en la radio comercial española: contenidos, géneros y tendencias». En: *Fonseca, Journal of Communication, (17),* 91-106.

Preger, S. (2021). *Storytelling in Radio and Podcast. A Practical Guide*. Nueva York: Palgrave MacMillan.

RICOEUR, P. (1985; ed. 2004). *Tiempo y narración I. Configuración del tiempo en el relato histórico.* Madrid: Siglo XXI editores.

SELLAS, T. (2011): *El podcasting: la (r)evolución sonora.* Barcelona: Editorial UOC.

STANZEL, F. K. (1978). «Second Thoughts on "Narrative Situations in the Novel": Towards a "Grammar of Fiction"». En: *Novel: A Forum of Fiction, 3*(11), 247-264.

TORRES PERDIGÓN, A. (2021). «Hacia un concepto de narratividad: cruces (posibles) entre su dimensión literaria, antropológica y cognitiva». En: *Acta Poética, 42*(2):79-105.

WALTER, B. (2008). *El narrador.* Santiago de Chile: Ediciones metales pesados.

Capítulo 2

ANUNCIO. (29 de octubre de 1893). *El Heraldo de Madrid*, p. 3.

ANUNCIO. (17 de marzo de 1894). *El Heraldo de Madrid*, p. 4.

ANUNCIO. (30 de enero de 1897). *Blanco y Negro*, p. 23.

ANUNCIO. (20 de marzo de 1899). *La Ilustración Nacional*, p. 12.

BIBLIOTECA NACIONAL DE ESPAÑA. *Catálogo BNE.* https://www.bne.es/es/catalogos/catalogo-general.

CHAMOUX, H. (2015). *La difusión de l'enregistrement sonore en France à la Belle Époque. Artistes, industriels et auditeurs du cylindre et du disque.* [Tesis doctoral en Historia Contemporánea no publicada], Université de Paris 1 Panthéon-Sorbonne.

CILINDRIQUE. (30 de julio de 1901). «Cosas de Fonógrafo». *El Cardo*, p. 2.

COMPAÑÍA FRANCESA DEL GRAMOPHONE. (1907). *El Gramophone*, p. 9.

EDISON, T. A. (1888). «The Perfected Phonograph». En: *The North American Review, 146*(379), 641-65.

ENTRE BASTIDORES (18 de junio de 1894). *El Liberal*, Madrid, p. 4.

GARCÍA TEJERA, M. DEL G. (1999). *Almáciga de olvidos. Antología parcial de poesía gaditana. Siglos XIX y XX.* Cádiz: Servicio de publicaciones de la Universidad de Cádiz.

GELATT, R. (1995). *The Fabulous Phonograph: From Tin Foil to High Fidelity.* Philadelphia: JP Lippincott Company.

HUGENS Y ACOSTA. (5 de marzo de 1900). *Boletín Fonográfico*, p. 72.

MOREDA, E. (2021). *Inventing the Recording: The Phonograph and National Culture in Spain, 1877-1914.* Oxford: Oxford University Press.

NATIONAL MUSEUM OF AMERICAN HISTORY. Edison's Talking Machines. *Smithsonian.* https://americanhistory.si.edu/americas-listening/edison's-talking-machine.

NAVARRO DE MADRID, J. (30 de mayo de 1901). «Gabinetes Fonográficos Españoles: VII D». En: *Boletín Fonográfico y Fotográfico*, Año II, pp 167-169.

POR LO FLAMENCO. (1901). *Boletín Fonográfico*, Año I, 156-157.

RUIZ LLANOS, F. (14 de enero de 1930). El primer fonógrafo que se oyó en España. *El Heraldo de Madrid*, 8-9.

SECCIÓN DE ESPECTÁCULOS. (14 de junio de 1894). *El Imparcial*, p. 4.

SOBRE LA ORIGINALIDAD DE LOS CILINDROS. (30 de marzo de 1901). *El Cardo*, 14.

SOCIEDAD FONOGRÁFICA ESPAÑOLA HUGENS Y ACOSTA. (1900). *Catálogo*, 35-79.

UN CUENTO VERDE. (20 de mayo de 1900). Boletín Fonográfico, p. 149.

Capítulo 3

ALSINA, P.; RODRÍGUEZ, A. y HOFMAN, V. Y. (2018). «El devenir de la arqueología de los medios: derroteros, saberes y metodologías». *Artnodes*, 21, 1-10.

BOYM, S, (2015). *El futuro de la nostalgia*. A. Machado Libros.

CHANG, T. (2010). *Little-Scale Has a PhD in Making Party Jams on Obsolete Game Systems. Motherboard.* http://www.motherboard.tv/2010/1/7/little-scale-has-a-phd-in-making-party-jams-on-obsolete-game-systems.

CORMIER, J. (2018). «La ideología del filtro retro». En J. Cormier, M. Castellano y M. Meimaridi (eds.), *Tecnostalgia. Del filtro retro a la nostalgia en Netflix* (21-74). La Caja Books.

DRISCOLL, K. y DIAZ, J. (2009). «El bucle interminable: una breve historia de los *chiptunes*. En: *Mediateca expandida. Playlist* (52-69). Laboral Centro de Arte y Creación Industrial.

FABBRI, P. (2000). *El giro semiótico*. Gedisa.

GREIMAS, A. J. (1991). «Della nostalgia. Studio di semántica lessicale». En: I. Pezzini (ed.), *Semiotica delle passioni. Saggi di analisi semántica e testuale* (19-26). Esculapio.

HOLBROOK, M. B. y SCHINDLER, R. M. (2006). «Nostalgic Bonding: Exploring the Role of Nostalgia in the Consumption Experience». En: *Journal of Consumer Behaviour, 3*(2),107-127.

Huhtamo, E. y Parikka, J. (2011). «Introduction». En E. Huhtamo & J. Parikka (eds.), *Media Archaeology: Approaches, Applications and Implication* (1-24). University of California Press.

Jenkins, H. (2008). *Convergence Culture. La cultura de la convergencia de los medios de comunicación*. Barcelona: Paidós.

McLuhan, M. y McLuhan, E. (2009). «Las leyes de los medios». En: *CIC. Cuadernos de información y comunicación*, 14, 285-316.

Márquez, I. V. (2012). «Nostalgia videolúdica: un acercamiento al movimiento *chiptune*». En: *Trans. Revista Transcultural de Música*, 16. https://www.sibetrans.com/trans/public/docs/trans_16_02.pdf.

Parikka, J. (2021). *Una geología de los medios*. Buenos Aires: Caja Negra.

Pinch, T., & Reinecke, D. (2009). «Technostalgia: How Old Gear Lives on in New Music». En: K. Bijsterveld y J. van Dijck (eds.), *Sound Souvenirs: Audio Technologies, Memory and Cultural Practices* (pp. 152-66). Amsterdam University Press.

Polo, J. (2013). *Europe in 8 bits*. Turanga Films.

Reynolds, S. (2012*). Retromanía. La adicción del pop a su propio pasado*. Buenos Aires: Caja Negra.

Ryzik, M. (2007). «Making Old Hardware Play New Tunes». En: *The New York Times*. http://www.nytimes.com/2007/11/28/arts/music/28blip.html.

Starobinski, J. (2017). *La tinta de la melancolía*. Fondo de Cultura Económica.

Van Buskirk, E. (2007). «Interview: *Chiptune* Artist Haeyoung Kim, BubblyFish». En: *Wired*. http://www.wired.com/listening_post/2007/11/interview-chipt/.

Capítulo 4

Alarcón, D. (2019). «Radio Ambulante-Sobre nosotros». En: *Radio Ambulante*. https://radioambulante.org/sobre-nosotros.

Balsebre, A. (2007). *El lenguaje radiofónico*. Madrid: Cátedra.

Berry, R. (2015). «A Golden Age of Podcasting? Evaluating Serial in the Context of Podcast Histories». En: *Journal of Radio and Audio Media*, 22(2), 170-178.

Bonini, T. (2015). «The Second Age of Podcasting: Reframing podcasting as a new digital mass medium». *Quaderns del CAC, 41*, 23-33.

Braun, L. (1999). 1999, «25th IFC, Amsterdam-info [International Feature Conference]». En: *IFC AudioDocs*. https://ifc2.wordpress.com/1999-25th-ifc-amsterdam-info/.

BRAUN, L. (2007). *BEHIND THE SCENES with 2007 Audio Luminary Award recipient Peter Leonhard Braun*. Third Coast International Audio Festival. https://thirdcoastfestival.orgrticle/_2007-audio-luminary-award-recipient-peter-leonhard-braun-bts.

CAMACHO, L. (2004). *El radioarte: Revisión histórica, origen y evolución en Europa y desarrollo en México* [Universidad Nacional Autónoma de México]. https://ru.dgb.unam.mx/handle/DGB_UNAM/TES01000331327.

CORNEJO, A. (2019). *El uso del paisaje sonoro con fines periodísticos y artísticos. Centro de Producciones Radiofónicas*. https://cpr.org.ar/el-uso-del-paisaje-sonoro-con-fines-periodisticos-y-artisticos/.

COWARD, R. (2013). *Speaking Personally: The Rise of Subjective and Confessional Journalism*. Londer: Palgrave Macmillan.

CPR. (2018). «Centro de Producciones Radiofónicas-Quiénes somos». En: Centro de Producciones Radiofónicas. https://cpr.org.ar/quienes-somos/.

DA SILVA, J. D. A. y LOPES DE OLIVEIRA, D. (2020). «Audiodocumentário no cenário *podcasting*: Por um rádio independente e de caráter social. Radiofonias» En: *Revista de Estudos em Mídia Sonora*, 11(1), Article 1. https://periodicos.ufop.br/radiofoniasrticle/view/4328.

BEAUVOIR, C. de (2015). «El documental radiofónico en la era digital: Nuevas tendencias en los mundos anglófono y francófono». En: *Razón y palabra, 91*, 28.

BEAUVOIR, C. de (2018). «Manifiesto para la renovación de la narrativa sonora de no ficción en español». En: *Historias, terrenos y aulas: La narrativa sonora en español desde dentro* (10-25). Universidad de los Andes: Ediciones Uniandes.

MOEDO, A. y MORENO, E. (2021). «El consumo de pódcast en España permanece estable Digital». En: *News Report España 2022*. https://www.digitalnewsreport.es/2021/el-consumo-de-podcast-en-espana-permanece-estable/.

EL PAÍS. (23 de febrero de 2022). «'Caso 63', 'La esfera', Marion Reimers, Molo Cebrián y El Terrat, entre los ganadores de los I Premios Ondas Globales del Podcast». En: *El País*. https://elpais.com/television/2022-02-23/caso-63-la-esfera-marion-reimers-molo-cebrian-y-el-terrat-entre-los-ganadores-de-los-i-premios-ondas-globales-del-podcast.html.

BORRULL, M. C. (2017). *María Jesús Espinosa (Podium Podcast): «Nos gusta que nos cuenten historias; tenemos hambre de ficción»*. En:

http://mip.umh.es/blog/2017/01/22/maria-jesus-espinosa-po-dium-podcast/.

Espinosa de los Monteros, M. J. (2020). «Ira Glass y el primer Pulitzer dedicado al audio». En: *El País*. https://elpais.com/el-pais/2020/05/05/dias_de_vino_y_podcasts/1588700075_011158.html.

Fisher, M. (1999). «It's a Wonderful Life». En: *American Journalism Review*. https:/jrarchive.orgrticle.asp?id=326&id=326.

Gálvez Vásquez, M. del C. (2019). *Análisis del pódcast Serial como principal exponente del podcasting narrativo*. Universidad Peruana de Ciencias Aplicadas (UPC). https://repositorioacademico.upc.edu.pe/handle/10757/650371.

García-Marín, D. y Aparici, R. (2018). «Nueva comunicación sonora. Cartografía, gramática y narrativa transmedia del *podcasting*». En: *El profesional de la información*, 27(5), 1071-1081.

Garrido, A. (1996). *El texto narrativo*. Madrid: Editorial Síntesis.

Genette, G. (1989). *Figuras III*. Barcelona: Lumen.

Glass, I. (8 de noviembre de 2011). «Radiolab: An Appreciation by Ira Glass». En: *Transom*. https://transom.org/2011/ira-glass-radio-lab-appreciation/.

Glass, I. (2013). *Ira Glass on Storytelling*, part 1 of 4 YouTube [Entrevista]. https://www.youtube.com/watch?v=f6ezU57J8YI.

Godinez Galay, F. (2014). «Dibujando definiciones sobre el documental sonoro». En: *Centro de Producciones Radiofónicas*. https://cpr.org.ar/dibujando-definiciones-sobre-el-documental-sonoro/.

Godinez Galay, F. (2018). «La ficción en el documental sonoro. Defensa y propuesta». En: *Historias, terrenos y aulas: La narrativa sonora en español desde dentro* (pp. 98-117). Universidad de los Andes: Ediciones Uniandes.

Godinez Galay, F. (2019). «Documental sonoro. Una alternativa estética para contar la realidad». En: *Centro de Producciones Radiofónicas*. https://cpr.org.ar/documental-sonoro-una-alternativa-estetica-para-contar-la-realidad/.

Gutiérrez, M.; Sellas, T. y Esteban, J. Á. (2019). «Periodismo radiofónico en el entorno online: El pódcast narrativo». En: *La transformación digital de la radio. Diez claves para su comprensión profesional y académica* (pp. 131-150). Valencia: Tirant Humanidades.

Martínez, P. (2021). «Observatorio iVoox: Nuevo informe sobre el estado del podcast en español». En: *iVoox*. https://www.ivoox.

com/blog/observatorio-ivoox-nuevo-informe-sobre-el-estado-del-podcast-en-espanol_0077545/.

JENKINS, H. (15 de enero de 2003). «Transmedia Storytelling». En: *MIT Technology Review*. https://www.technologyreview.com/2003/01/15/234540/transmedia-storytelling/.

LECHUGA, K. (2015). *El documental sonoro: Una mirada desde América Latina* (1a). Buenos Aires: Ediciones del Jinete Insomne.

LINDGREN, M. (2016). «Personal narrative journalism and podcasting». En: *Radio Journal: International Studies in Broadcast & Audio Media*, 14, 23-41.

MADSEN, V. M. (2010). «A Call to Listen: The 'New' Documentary in Radio-Encountering 'Wild Sound' and The 'Filme Sonore'». En: *Historical Journal of Film, Radio and Television, 30*(3), 391.

McHUGH, S. (2010). *Oral history and the radio documentary/feature: Intersections and synergies* [University of Wollongong]. https://ro.uow.edu.au/theses/3255.

McHUGH, S. (2012a). «Oral history and the radio documentary/feature: Introducing the "COHRD" form». En: *Radio Journal: International Studies in Broadcast & Audio Media, 10*, 35-51.

McHUGH, S. (2012b). «The Affective Power of Sound: Oral History on Radio». En: *The Oral History Review, 39*, 187-206.

McHUGH, S. (2014). «RadioDoc Review: Developing critical theory of the radio documentary and feature form». En: *Australian Journalism Review, 36*, 22-35.

McHUGH, S. (2016). «How *podcasting* is changing the audio storytelling genre». *The Radio-International Studies in Broadcast & Audio Media, 14*, 65-82.

MITCHELL, J. (2005). *Listener Supported. The Culture and History of Public Radio*. Westport: Praeger Publishers.

O'MEARA, J. (2015). «Like Movies for Radio: Media Convergence and the Serial Podcast Sensation». En: *Frames Cinema Journal*. https://www.academia.edu/43170903/_Like_Movies_for_Radio_Media_Convergence_and_the_Serial_Podcast_Sensation.

PALOMAR, R. L. y BORRAJO, E. N. (2017). «Serial, el programa radiofónico que resucitó el *podcasting*». En: *Área Abierta, 17*(1), 73-82.

PREMIOS ONDAS. (2022). «I Premios Ondas Globales del Podcast 2022». En: *Premios Ondas*. https://www.premiosondas.com/nota_prensa_ondas_podcast_2022.php.

Público. (2018). «El periodista de *Público* Pablo Romero gana el Premio Ondas 2018 por su pódcast *Las tres muertes de mi padre*». En: *Público*. https://www.publico.es/actualidad/premios-ondas-2018-periodista-publico-pablo-romero-gana-premio-ondas-2018-podcast-tres-muertes-mi-padre.html.

Quirk, V. (2015). «Guide to Podcasting». En: *Columbia Journalism Review*. https://www.cjr.org/tow_center_reports/guide_to_podcasting.php/.

Rodríguez, R. (2021). «Documental sonoro y arte radiofónico». En: *Historia y Comunicación Social, 26*(2), 441-451.

Romero Valldecabres, L. (2012). «Radio y arte sonoro: ¿es posible la integración?». En: *Sintonizando el futuro: Radio y producción sonora en el siglo XXI*. Madrid: Instituto de RTVE - Universidad Carlos III de Madrid (16).

Romero Valldecabres, L. (2018). «La extraordinaria "banalidad" del tiempo y del espacio». En: *Historias, terrenos y aulas: La narrativa sonora en español desde dentro* (27-43). Universidad de los Andes: Ediciones Uniandes.

Rosen, C. (2015). «"Serial" becames first podcast to win a Peabody Award». En: *EW.Com*. https://ew.comrticle/2015/04/20/serial-peabody-awards/.

Santos, S. y Peixinho, A. (2019). «A redescoberta do storytelling: O sucesso dos podcast não ficcionais como reflexo da viragem narrativa». En: *Estudos em Comunicação, 1*(29), Article 29. http://ojs.labcom-ifp.ubi.pt/index.php/ec/article/view/555.

Schafer, M. (1993). *The Soundscape*. Destiny Books.

Seger, L. (1999). *Cómo crear personajes inolvidables*. Barcelona: Paidós.

SER. (28 de octubre 2020). «Consulta los ganadores de los Premios Ondas 2020». En: *SER*. https://cadenaser.com/ser/2020/10/28/sociedad/1603883461_299277.html.

Sonodoc. (2022). *Foro de Documental Sonoro en Español* [Forosonodoc]. https://forosonodoc.org/.

This American Life. (2022). *This American Life. This American Life*. https://www.thisamericanlife.org/.

Viñas, S. y Segura, C. (2018). «Radio Ambulante. "Historia sin fronteras"». En: *Historias, terrenos y aulas: La narrativa sonora en español desde dentro* (122-144). Universidad de los Andes: Ediciones Uniandes.

Capítulo 5

BBC SOUNDS. (2018). *Commissioning Brief No: 103003.* http://downloads.bbc.co.uk/radio/commissioning/PodcastCommissioning-Brief_DiscoverExplain.pdf.

BERRY, R. (2006). «Will the iPod kill the radio star?: Profiling podcasting as radio». En: *Convergence, 12*(2), 143-162.

BERRY, R. (2016). «Podcasting: Considering the evolution of the medium and its association with the word "radio"». En: *Radio Journal, 14*(1), 7-22.

BERRY, R. (2018). «Just because you play a guitar and are from nashville doesnt mean you are a country singer': The emergence of medium identities in podcasting». En: *Podcasting: New Aural Cultures and Digital Media.*

BLANCO, S. (2008). «Podcast versus radio: El triunfo de la portabilidad y la libertad de horarios» En: VV.AA. *El futuro es tuyo* (253-260). Madrid: Bubok.

BONINI, T. (2015). «The 'Second Age' of Podcasting: reframing Podcasting as a New Digital Mass Medium». En: *Quaderns Del CAC, XVIII*(41), 21-30. https://www.cac.cat/sites/default/files/2019-01/Q41_Bonini_EN_0.pdf.

BONINI, T. (2022). «Podcasting as a hybrid cultural form between old and new media». En: M. Lindgren y J. Loviglio (eds.), *The Routledge Companion to Radio and Podcast Studies* (1.ª ed, pp. 19-29). Londres: Routledge.

BOTTOMLEY, A. J. (2015). «Podcasting, Welcome to Night Vale, and the Revival of Radio Drama». En: *Journal of Radio and Audio Media, 22*(2), 179-189.

CRISELL, A. (2000). Better Than Magritte: How Drama on the Radio Became Radio Drama. *Journal of Radio Studies, 7*(2). https://doi.org/10.1207/s15506843jrs0702_16.

CROFTS, S.; DILLEY, J.; FOX, M.; RETSEMA, A. y WILLIAMS, B. (2005). «Podcasting: A new technology in search of viable business models». En: *First Monday, 10*(9).

CROOK, T. (1999). *Radio Drama: Theory and Practice.* Londres: Routledge Taylor & Francis Group.

CROOK, T. (2020). *Audiodrama Modernism.* Londres: Palgrave Macmillan.

GARCÍA-MARÍN, D. (2020). «Transpódcast universe. Narrative models and independent community». *Historia y Comunicacion Social, 25*(1), 139-149.

GEOGHEGAN, M.; CANGIALOSI, G.; IRELAN, R.; BOURQUIN, T. y VOGELE, C. (2012). *Podcast Academy: The Business Podcasting Book: Launching, Marketing, and Measuring Your Podcast*. Londres: Taylor & Francis.

GUARINOS, V. (2009). *Manual de narrativa radiofónica*. Madrid: Síntesis.

HAND, R. J. y TRAYNOR, M. (2011). *The Radio Drama Handbook: Audiodrama in Context and Practice (Audiodrama in Practice and Context)*. Londres: Bloomsbury Publishing PLC.

IZUZQUIZA, F. (2019). *El Gran Cuaderno de podcasting: Cómo crear, difundir y monetizar tu pódcast*. Madrid: Kailas Editorial.

LLINARES, D.; FOX, N. y BERRY, R. (2018). *Podcasting: New Aural Cultures and Digital Media*. Londres: Palgrave Macmillan.

RAYSON, S. (2020). *Democratising Bridge or Elite Medium: An investigation into political pódcast adoption*. Publicación Independiente: Edición Kindle.

SCOLARI, C. A. (2013). *Narrativas transmedia*. Barcelona: Ediciones Deusto.

SPINELLI, M. y DANN, L. (2019). *Podcasting: The Audio Media Revolution*. Londres: Bloomsbury Publishing PLC.

VERMA, N. (2012). *Theater of the Mind: Imagination, Aesthetics, and American Radio Drama*. Chicago: University of Chicago Press.

VERMA, N. (2017a). «The Arts of Amnesia: The Case for Audiodrama, Part One». En: *RadioDoc Review*, *3*(1), 1-23.

VERMA, N. (2017b). «The Arts of Amnesia: The Case for Audiodrama, Part Two». *RadioDoc Review*, *3*(1), 1-22.

Capítulo 6

AVDEEFF, M. (2019). «Artificial Intelligence yamp; Popular Music: SKYGGE, Flow Machines, and the Audio Uncanny Valley». En: *Arts, 8*(4), 130.

BELL, A. P.; BONIN, D.; PETHRICK, H.; ANTWI-NSIAH, A. y MATTERSON, B. (2020). «Hacking, disability, and music education». En: *International Journal of Music Education, 38*(4), 657-672.

BOCKO, G.; BOCKO, M. F.; HEADLAM, D.; LUNDBERG, J. y REN, G. (2010). «Automatic music production system employing probabilistic expert systems». En: *Audio Engineering Society*. http://www.aes.org/e-lib/browse.cfm?elib=15677.

BRUIN, L. R. de (2022). «Collaborative learning experiences in the university jazz/creative music ensemble: Student perspectives on instructional communication». En: *Psychology of Music, 50*(4), 1039-1058.

Buck, M. W. (2008). *The efficacy of SmartMusic® assessment as a teaching and learning tool.* Eisenhower Parkway: ProQuest Dissertations. https://www.proquest.com/dissertations-theses/efficacy-smartmusic-sup-®-assessment-as-teaching/docview/304477234/se-2.

Calderón-Garrido, D. y Gustems-Carnicer, J. (2021) «Adaptations of music education in primary and secondary school due to CO-VID-19: the experience in Spain». En: *Music Education Research, 23*(2), 139-150.

Civit, M.; Civit-Masot, J.; Cuadrado, F. y Escalona, M. J. (2022) «A systematic review of artificial intelligence-based music generation: Scope, applications, and future trends». En: *Expert Systems with Applications, 209*(118190).

Clement, J. (2021). «Fortnite biggest live events 2020. Video Gaming & eSports». En: *Statista.* https://www.statista.com/statistics/1235632/fortnite-biggest-live-events/.

Collins, S.; Renzo, A.; Keith, S. y Mesker, A. (2021). «Mastering 2.0: The Real or Perceived Threat of DIY Mastering and Automated Mastering Systems». En: *Popular Music and Society, 44*(3), 258-273.

Cook, M. J. (2019). «Augmented reality: Examining its value in a music technology classroom. Practice and potential». En: *Waikato Journal of Education, 24*(2), 23-38.

Corral, J. M. R.; Ruiz-Rube, I.; Balcells, A. C.; Mota-Macías, J. M.; Morgado-Estévez, A. y Dodero, J. M. (2019). «A study on the suitability of visual languages for non-expert robot programmers». En: *IEEE Aaccess, 7*, 17535-17550.

Crawford, R. (2014). «A multidimensional/non-linear teaching and learning model: Teaching and learning music in an authentic and holistic context». En: *Music Education Research, 16*(1), 50-69.

Cuadrado, R. (2019). «Chrome Music Lab: herramientas musicales que conectan el mundo físico y el digital». En: *Observatorio de tecnología educativa, 16.* Instituto Nacional de Tecnologías Educativas y de Formación del Profesorado.

Garrido-Merchán, E. C. y de Ibarreta Zorita, C. M. (2022). «Integración de una visión humanística en la asignatura de aprendizaje automático». En: *Best Practices in Jesuit Higher Education, 3*, 45-61 https://kirchernetwork.org/wp-content/uploads/2022/07/Best-practices-Magazine-vol-3-RECONCILIATION.pdf.

GE, X.; YIN, Y. y FENG, S. (2018). «Application research of computer artificial intelligence in college student sports autonomous learning». En: *Educational Sciences: Theory y Practice, 18*(5), 2143-2154.

HOENE, C.; HOWELL, I. y CARÔT, A. (2021). «Networked Music Performance: Developing Soundjack and the Fastmusic Box During the Coronavirus Pandemic». En: *Journal of the audio engineering society.* http://www.aes.org/e-lib/browse.cfm?elib=21216.

KHOSRAVI, H.; SHUM, S. B.; CHEN, G. *et al.* (2022). «Explainable artificial intelligence in education». En: *Computers and Education: Artificial Intelligence*, 3, 100074.

KOLB, D. A.; BOYATZIS, R. E. y MAINEMELIS, C. (2014). «Experiential learning theory: Previous research and new directions». En R. Sternberg y L. Zhang (eds.), *Perspectives on thinking, learning, and cognitive styles.* (pp. 227-248). Londres: Taylor y Francis.

MOFFAT, D. (2021). «AI Music Mixing Systems». En: E. R. Miranda (ed.), *Handbook of Artificial Intelligence for Music* (pp. 345-375). Cham: Springer.

MONTEBELLO, M.; COPE, B.; KALANTZIS, M. *et al.*, (2018). «Deepening e-Learning through Social-Collaborative Intelligence». En: *IEEE Frontiers in Education Conference (FIE)*, 1-4.

PODOLNY, J. M. y HANSEN, M. T. (2020). «How Apple is organized for innovation». En: *Harvard Business Review, 98*(6), 86-95. https://hbr.org/2020/11/how-apple-is-organized-for-innovation.

ROBERTS, A.; ENGEL, J., MANN, Y. *et al.* (2019). «Magenta studio: Augmenting creativity with deep learning in ableton live». En: *Proceedings of the 7th International Workshop on Musical Metacreation* http://musicalmetacreation.org/buddydrive/file/mume_2019_paper_2/.

RUSSELL-BOWIE, D. (2013). «Mission Impossible or Possible Mission? Changing confidence and attitudes of primary preservice music education students using Kolb»s Experiential Learning Theory». En: *Australian Journal of Music Education*, 2, 46-63.

SCHÖN, D. A. (2017). *The reflective practitioner: How professionals think in action.* Londres: Routledge.

SILVA, E. S.; ABREU, J. A. O. DE; ALMEIDA, J. H. P. de; Teichrieb, V. y Ramalho, G. L. (2013). «A preliminary evaluation of the leap motion sensor as controller of new digital musical instruments». En: *Recife, Brasil*, 59-70.

Vogl, R. y Knees, P. (2017). «An intelligent drum machine for electronic dance music production and performance». En: *Proceedings of the International Conference on New Interfaces for Musical Expression*. Aalborg University, Copenhagen, (251-256).

Wei, J. y Marimuthu, K. y Prathik, A. (2022). «College music education and teaching based on AI techniques». En: *Computers y Electrical Engineering*, 100. 107851.

Wood, D. F. (2003). «Problem based learning». En: *BMJ*, 326(7384), 328-330.

Yeon, S. y Seo, S. (2018). «Development of Infants Music Education Application Using Augmented Reality». En: *Journal of Korea Multimedia Society*, 21(1), 69-76.

Zhang, T. (2022). «Machine Learning Techniques in the Sound Design for Later Stage of Film Based on Computer Intelligence». En: *Security and Communication Networks, 2022*.

Capítulo 7

Alexander-Floyd, N. (2020) «"I Want to Be like Michelle or Kamala": On Becoming, Liminality, & Social Justice». En: *New Political Science, 42*(3). 418-424.

Chadha, M.; Ávila, A. y Gil de Zúñiga, H. (2012). «Listening In: Building a Profile of Podcast Users and Analyzing Their Political Participation». En: *Journal of Information Technology y Politics, 9*(4). 388-401.

Cogburn, D. L.; Espinoza-Vásquez, F. K. (2011). «From Networked Nominee to Networked Nation: Examining the Impact of Web 2.0 and Social Media on Political Participation and Civic Engagement in the 2008 Obama Campaign». En: *Journal of Political Marketing, 10*(1) 189-213.

EFE (2022). «Los Obama producirán pódcast para Amazon tras su ruptura con Spotify». En: *Diario de Navarra*. https://www.diario-denavarra.es/noticias/magazine/2022/06/22/obama-produciran-podcasts-amazon-ruptura-spotify-532217-3189.html.

Díaz Herrera, C. (2018). «Qualitative research and thematic content analysis. Intellectual orientation of Universum journal». *Revista General de Informacion y Documentacion, 28*(1) 119-142.

ITURREGUI-MARDARAS, L.; GUTIÉRREZ-CUESTA, J.-J. y Cantalapiedra-González, M.-J. (2020). «Journalists and Public Relations professionals: from influence and dependence to journalistic disintermediations». En: *El Profesional de La Información, 29*(3).

GARCÍA-MARÍN, D. y APARICI, R. (2018). «Nueva comunicación sonora. Cartografía, gramática y narrativa transmedia del *podcasting*». En: *El Profesional de la Información, 27*(5), 1071.

JOHNSON, T. y PERLMUTTER, D. (2010). «Introduction: the Facebook election». En: *Mass Communication and Society, 13*(5), 554-559.

JIMÉNEZ SOLER, I. (2019). «La comunicación política en la era de la desintermediación». En: *Revista Panamericana de Comunicación, 1*, 18-25.

KIM, Y.; KIM, Y.; WANG, Y. (2016) «Selective exposure to podcast and political participation: the mediating role of emotions». En: *International Journal of Mobile Communications, 14*(2).

MACDOUGALL, R. (2011). *Podcasting* and Political Life. *American Behavioral Scientist*, 55 (6). 714-732.

MARTÍNEZ-COSTA, M.-P.; Sánchez-Serrano, C.; Pérez-Maillo, A. y Lus-Gárate, E. (2021). «La oferta de pódcast de la prensa regional en España: estudio de las marcas centenarias de Castilla y León y Navarra». En: *AdComunica*, 211-234.

MARTÍNEZ-COSTA, M. P. y LUS GÁRATE, E. (2019). «El éxito de los pódcast de noticias y su impacto en los medios de comunicación digital». En: *Miguel Hernández Communication Journal, 10*, 317-334.

MCLAUGHLIN, L. (2006) «What the Web's New Trend Means to You». En: *IEEE Pervasive Computing, 5*(4), 7-11.

METZGAR, E y MARUGGI, A (2009). «Social media and the 2008 US presidential election». *Journal of new communications research, 4*(1).

MORENO ESPINOSA, P. y ROMÁN SAN MIGUEL, A. (2020). «*Podcasting* y periodismo. Del periodismo radiofónico de inmediatez a la información radiofónica de calidad». En: *Estudios Sobre El Mensaje Periodístico, 26*(1), 241-252.

NEWMAN, N (2022). «Executive Summary and Key Findings». En: N. Newman, R. Fletcher, C. Robertson, K. Eddy y K. Nielsen (eds.) *Reuters Institute Digital News Report 2022*. Oxford: Reuters Institute.

NOGALES BOCIO, A. I. (2011). «Aproximación a la metodología empiricoperiodística del análisis de contenido: concepto y aplicación práctica». En: *Encuentro Iberoamericano de Editores de Revistas Científicas de Comunicación Social*.

Piñuel, J. L. (2002). «Epistemología, metodología y técnicas del análisis de contenido». En: *Estudios de Sociolingüística, 3*(1) 1-42.

Robertson, D. (2022). «Wow, Politicians Are Really Bad at Podcasting». En: *Politico*. https://www.politico.com/news/magazine/2022/08/19/boring-podcasts-00052659.

Robertson, S.; Vatrapu, R.; Medina, R. (2010). «Off the wall political discourse: Facebook use in the 2008 US presidential election». En: *Information polity, 15*(1-2), 11-31.

Rojas-Torrijos, J. L., Caro-González, F. J. y González-Alba, J. A. (2020). «The emergence of native podcast in journalism: Editorial strategies and business opportunities in Latin America». *Media and Communication, 8*(2), 159-170.

Empire, K. (2021). «Renegades: Born in the USA by Barack Obama and Bruce Springsteen-review». En: *The Guardian*. https://www.theguardian.com/books/2021/nov/30/renegades-born-in-the-usa-by-barack-obama-and-bruce-springsteen-review.

Tranová, K.; Veneti, A. (2021). «The Use of Podcasting in Political Marketing: The Case of the Czech Republic». En: *Journal of Political Marketing*, 1-18.

Vara-Miguel, A.; Amoedo-Casais, A.; Moreno-Moreno, E.; Negredo-Bruna, S. y Kaufmann-Argueta, J. (2022). *Digital News Report España 2022. Reconectar con las audiencias de noticias*. Servicio de Publicaciones de la Universidad de Navarra.